AN BISCUTS GACH LÁ

100 OIDEAS BRIOSCAÍ LE BÁCÁIL GACH LÁ

Saoirse Reid

Gach ceart ar cosaint.

Séanadh

Tá an fhaisnéis atá sa ríomhleabhar seo i gceist le feidhmiú mar bhailiúchán cuimsitheach de straitéisí a bhfuil taighde déanta ag údar an ríomhleabhair seo orthu. Is moltaí ón údar amháin iad achoimrí, straitéisí, leideanna agus cleasanna, agus ní chinnteoidh léamh an ríomhleabhair seo go mbeidh torthaí an údair ag teacht go díreach le chéile. Tá gach iarracht réasúnta déanta ag údar an ríomhleabhair eolas reatha agus cruinn a sholáthar do léitheoirí an ríomhleabhair. Ní bheidh an t-údar ná a chomhpháirtithe faoi dhliteanas i leith aon earráide neamhbheartaithe nó easnaimh a d'fhéadfaí a aimsiú. Féadfaidh faisnéis ó thríú páirtithe a bheith san ábhar sa ríomhleabhar. Cuimsíonn ábhair tríú páirtí tuairimí a chuireann a n-úinéirí in iúl. Mar sin, ní ghlacann údar an ríomhleabhair freagracht nó dliteanas as aon ábhar nó tuairimí tríú páirtí.

Tá cóipcheart © 2022 ar an ríomhleabhar agus tá gach ceart ar cosaint. Tá sé mídhleathach saothar díorthach ón ríomhleabhar seo a athdháileadh, a chóipeáil nó a chruthú ina iomláine nó i bpáirt. Ní ceadmhach aon chuid den tuairisc seo a atáirgeadh ná a athchraoladh in aon fhoirm a atáirgeadh ná a athchraoladh in aon fhoirm ar bith gan cead scríofa sainráite agus sínithe ón údar.

CLÁR ÁBHAIR

CLÁR ÁBHAIR 3
RÉAMHRÁ 7
FIANÁIN SHORTBREAD 8
    1.   Fianáin Almond shortbread 9
    2.   Fianáin arán donn siúcra 11
    3.   Fianáin shortbread cnó macadamia tumtha seacláide 14
    4.   Fianáin arán gearr torthaí 17
    5.   Fianáin arán gearr lavender 20
    6.   Fianáin shortbread Mocha 23
    7.   Fianáin arán gearr peanut 26
    8.   Fianáin spíosúla arán gearr 29
    9.   Fianáin Pecan shortbread 31
    10. Fianáin ghearr arán cnó coill Oregon 34

FIANÁIN SEACLÁID 36
    11. Fianáin Pretzel agus Carmel 37
    12. Fianán Cnáib Buckeye 39
    13. Fianáin meascán císte 41
    14. Fianáin Géarchor Diabhal 43
    15. Fianáin Pecan 45
    16. Brownies Uachtar bhuailtí 47
    17. Fianáin Sandwich meascán císte 49
    18. Fianáin Granola agus Seacláid 51
    20. Fianáin Gearmánacha 53
    21. Fianáin Anisette 55
    22. Fianáin glasa milis 58
    23. Fianáin smután seacláide 60

BISCOTTI 63
    24. Brownie Biscotti 64

25.	Almond Biscotti	67
26.	Anise Biscotti	70
27.	Anise Líomóid Biscotti	73
28.	Biscotti Silíní	76
29.	Cnó Coill agus Brioscaí Aibreog	79
30.	Biscotti Ardaigh Líomóid	82

Fianáin Siúicre 84

31.	Fianáin siúcra Almond	85
32.	Fianáin Siúcra	87
33.	Fianáin Siúcra le Frosting Uachtar Im	89
34.	Fianáin siúcra Brící Almond	92
35.	Fianáin siúcra Amish	94
36.	Fianáin bhunúsacha siúcra Blonag	97
37.	Fianáin siúcra Cainéil	99
38.	Fianáin siúcra Scáinte	101
39.	Fianáin siúcra Pecan	103
40.	Fianáin siúcra Spíosraí	105
41.	Fianáin siúcra Pistéise	107

Fianáin Cáis 109

42.	Fianáin appetizer cáise	110
43.	Fianáin sliseanna Seacláide	112
44.	Fianáin cáis uachtair aibreog	114
45.	Fianáin im peanut cáis	116
46.	Fianáin cáis teachín	118
47.	Fianáin mhin choirce cáis teachín	120
48.	Cáis uachtar agus fianáin glóthach	122
49.	Fianáin gearrtha cáis uachtair	124
50.	Fianán im peanut cáis uachtair jumbo	126
51.	Fianáin cáise Mheicsiceo	128
52.	Fianáin cáise uachtar oráiste	130
53.	Fianáin úll-cáis luibhe	132
54.	Fianáin cáis ricotta	134

| 55. | Fianáin Cáis Choco-uachtar Chewy | 136 |

FIANÁIN GINGER 138

56.	Gingersnaps Mamó	139
57.	Buachaillí Gingerbread	141
58.	Liathróidí Ruma Seacláide	144
59.	Fianáin Molás Sinséar	146
60.	Fianáin Nollag ginger chewy	148
61.	Íosluchtaigh fianáin ginger	150
62.	Fianáin Líomóid ginger	152
63.	Fianáin ginger saill íseal	154
64.	Fianáin pumpkin agus ginger úr	156
65.	Fianáin ginger bog	158
66.	Aisling milis fianáin ginger	160

FIANÁIN TITILTE 162

67.	Titeann Mónóg Oráiste	163
68.	Titeann Pluma Siúcra	166
69.	Fianáin Saoire Corrán Víneach	168
70.	Titeann Mónóg Hootycreeks	171
71.	Fianáin titim Apple-raisin	173
72.	Fianáin Blueberry titim	175
73.	Fianáin titim silíní	177
74.	Fianáin titim cócó	179
75.	Dáta líonta fianáin anuas	181
76.	Fianáin titim bia Diabhal	184
77.	Fianáin titim cnó Hickory	187
78.	Fianáin titim anann	189
79.	Fianáin titim anann raisin	191
80.	Zucchini fianáin titim	193

CEAPAIRÍ COOKIE 195

| 81. | Fianáin Truffle Seacláide | 196 |
| 82. | Ceapairí Uachtar Mhin choirce | 200 |

83.	Clúimh Uachtar agus Císte Fáinne Éclairs	204
84.	Ceapaire Fianán Uachtar Reoite	207
85.	Ceapairí Iodálach sútha talún	209
86.	Ceapairí Cáca Cairéad	212
87.	Uachtar Reoite Cnó Sinséar	215
88.	Fianán seacláide agus Ceapaire Fanaile	218
89.	Ceapaire Uachtar Reoite Vanilla Soy	221
90.	Ceapairí Uachtar Reoite X-Ray	224
91.	Uachtar Reoite Soy Seacláide	227
92.	Ceapairí Seacláide Dúbailte	230
93.	Ceapaire Uachtar Reoite Cnó cócó Seacláide	233
94.	Bananaí seacláide reoite	236
95.	Ceapaire Fianán Uachtar Reoite	239

SNICKERDOODLE 241

96.	Snickerdoodles cornmeal	242
97.	Snickerdoodles saill íseal	245
98.	Snickerdoodles cruithneachta ar fad	248
99.	Snickerdoodles eggnog	251
100.	Snickerdoodles seacláide	254

CONCLÚID 257

RÉAMHRÁ

Tagraíonn an focal fianán do "cácaí beaga" a dhíorthaítear ón bhfocal Ollainnis "koekje" nó "koekie." Tá go leor de na Comhábhair chéanna i bhfianáin agus cácaí ach amháin go bhfuil cion níos ísle de leacht acu le cion níos airde siúcra agus saille go plúr.

Is féidir oidis fianán a ullmhú i iliomad cruthanna, blasanna agus uigeachtaí, agus is féidir iad a mhaisiú. Is cosúil go bhfuil a rogha féin ag gach tír: i Meiriceá Thuaidh is é an sliseanna seacláide é; sa Ríocht Aontaithe is arán gearr é; sa Fhrainc, tá sé sables agus macaroons; agus a biscotti san Iodáil.

De ghnáth déantar Oidis Fianáin a chatagóiriú de réir sreabhach a gcuid fuidrimh nó taos, a chinneann an bealach a fhoirmítear iad - Barraí, Tite, Bosca Oighear / Cuisneoir, Múnlaithe, Brúite nó Rollta. Ina theannta sin, tá roinnt cineálacha fianán fo-chineálacha daoine eile. Cinneann an cineál oideas fianán atá le hullmhú a modh meascaithe, ach don chuid is mó, úsáidtear an gnáth-chíste nó an modh uachtair. Is féidir fianáin a bhácáil nó a dtugtar gan bhácáil orthu, áit ar féidir iad a dhéanamh as gránaigh réidh le hithe, mar shampla Rice Krispies Treats, min-choirce, cnónna, torthaí tirime, nó cnó cócó, agus iad a choinneáil mar aon le síoróip bruite nó bonn siúcra téite. mar marshmallows leáite agus im.

Fianáin SHORTBREAD

1. Fianáin Almond shortbread

Toradh: 3 dosaen

Comhábhair

- 1 cupán Plúr, uilechuspóireach
- ½ cupán stáirse arbhair
- ½ cupán Siúcra, púdraithe
- 1 cupán Almonds, gearrtha go mín
- ¾ cupán im; bogtha

Treoracha

a) Comhcheangail plúr, cornstarch, agus siúcra púdraithe; corraigh i almóinní. Cuir im; chumasc le spúnóg adhmaid go dtí go bhfoirmíonn taos bog.

b) Cruth an taos ina liathróidí beaga. Cuir ar bhileog fianán unreased; flatten gach liathróid le forc le plúr éadrom. Bácáil ag 300 céim ar feadh 20 go 25 nóiméad nó go dtí go bhfuil na himill ach donn éadrom.

c) Cool roimh stóráil.

2. Fianáin arán donn siúcra

Toradh: 12 Freastal

Comhábhair

- 1 cupán im gan salann; teocht an tseomra
- 1 cupán Siúcra donn éadrom pacáilte
- 2 chupán plúr uilechuspóireach
- $\frac{1}{4}$ teaspoon Salann
- 1 spúnóg bhoird Siúcra
- 1 teaspoon cainéal Talún

Treoracha

a) Preheat oigheann go 325 céim. Im go héadrom 9" cruth springform. Bain úsáid as measctóir leictreach agus buail 1 cupán im i mbabhla níos mó go dtí go mbeidh sé éadrom agus clúmhach.

b) Cuir siúcra donn leis agus buille go maith. Ag baint úsáide as spatula rubair, measc an plúr agus an salann (ná déan ró-mheascadh). Brúigh taos isteach i bpanna ullmhaithe. Comhcheangail siúcra agus cainéal i mbabhla beag. Sprinkle siúcra cainéal thar taos. Gearr an taos ina 12 dingeacha, ag baint úsáide as rialóir mar threoir agus gearr tríd an taos. Pierce gach ding arís agus arís eile le toothpick.

c) Bácáil go dtí go bhfuil an t-arán gearr donn, daingean ar na himill agus beagán bog ina lár, thart ar 1 uair an chloig. Cool arán gearr go hiomlán i bpanna ar raca. Bain taobhanna uile.

3. Fianáin shortbread cnó macadamia tumtha seacláide

Toradh: 36 riar

Comhábhair

- 1 cupán im
- ¾ cupán Siúcra púdraithe
- 1 teaspoon vanilla
- 2 chupán Plúr sifted
- ¾ cupán Cnónna macadamia mionghearrtha
- 1 cupán sceallóga seacláide bainne nó -
- 1 cupán sliseanna seacláide Semisweet
- 1½ teaspoon Giorrú glasraí

Treoracha

a) I mbabhla meascadh mór, buail im, siúcra agus fanaile go dtí go mbeidh sé éadrom agus clúmhach. Corraigh plúr de réir a chéile go dtí go mbeidh sé cumasc go maith. Corraigh i cnónna macadamia.

b) Cuir taos ar pháipéar céir agus cruth isteach i rolla dhá orlach ar trastomhas.

c) Wrap i bpáipéar agus scragall agus fuaraigh ar a laghad dhá uair an chloig nó thar oíche.

d) Preheat oigheann go 300 céim. Gearr an rolla i slices thart. $\frac{1}{4}$ go $\frac{1}{2}$ orlach tiubh. Bácáil ar bhileog bácála unreased ar feadh 20 nóiméad nó go dtí go dtosaíonn fianáin a donn. Bain as oigheann; fionnuar ar raca sreang.

e) Idir an dá linn, i mbabhla beag leá sliseanna seacláide (oibríonn micreathonn go maith) agus corraigh i giorrú. Measc go maith. Tum foirceann amháin de gach fianán isteach i meascán seacláide agus cuir ar pháipéar céir é.

f) Fianáin cuisnigh go dtí go cruaíonn seacláid. Stóráil in áit fhionnuar. Déanann 2-3 fianáin dosaen.

4. Fianáin arán gearr torthaí

Toradh: 36 riar

Comhábhair

- 2½ cupán Plúr
- 1 teaspoon uachtar de tartar
- 1½ cupán siúcra milseogra
- 1 9 unsa. bosca Mionfheoil Nonesuch
- 1 teaspoon vanilla
- 1 teaspoon sóid aráin
- 1 cupán Im, softened
- 1 Ubh

Treoracha

a) Preheat oigheann go 375F. 2. Comhcheangail plúr, sóid, agus uachtar tartar.

b) I mbabhla mór, buille im agus siúcra go dtí go clúmhach. Cuir ubh.

c) Corraigh i vanilla agus mionra mionbhruite.

d) Cuir tirim Comhábhair. Measc go maith-fuidrimh a bheidh righin.

e) Rollaigh isteach i liathróidí $1\frac{1}{4}$" Cuir ar bhileog fianán neamhreasaithe, leathnaigh beagán.

f) Bácáil 10-12 nóiméad nó go dtí go donn éadrom. Clúdaigh le glaze de shiúcra milseogra, bainne agus fanaile agus iad fós te.

5. Fianáin arán gearr lavender

Toradh: 1 bhaisc

Comhábhair

- ½ cupán Im gan salann ag teocht an tseomra
- ½ cupán siúcra milseogra unsifted
- 2 teaspoons blossoms lavender triomaithe
- 1 teaspoon Duilleoga spearmint triomaithe brúite
- ⅛ teaspoon Cinnamon
- 1 cupán plúr neamhshifted

Treoracha

a) Réamhthéamh an oigheann go 325 F. Ullmhaigh pana bácála 8" cearnach trína líneáil le scragall alúmanaim agus brataigh an scragall go héadrom le sprae ola glasraí.

b) Uachtar an t-im go dtí go éadrom agus clúmhach. Corraigh isteach an siúcra, an lavender, an spearmint agus an cainéal. Oibrigh sa phlúr agus cumasc go dtí go bhfuil an meascán brioscach. Déan é a scrapeadh isteach sa phanna ullmhaithe agus scaipeadh go dtí go leibhéal, ag brú go héadrom chun é a dhlúthú go cothrom.

c) Bake 25 go 30 nóiméad, nó go dtí go héadrom órga timpeall an imill.

d) Tóg go réidh an scragall agus an t-arán gearr araon as an bpanna go dtí dromchla gearrtha. Slice na barraí le scian serrated.

e) Aistriú chuig raca sreang chun fuarú go hiomlán. Stóráil i stán daingean séalaithe.

6. Fianáin shortbread Mocha

Toradh: 18 Freastal

Comhábhair

- 1 teaspoon caife toirt Nescafe Classic
- 1 teaspoon Fiuchphointe uisce
- 1 pacáiste (12-unsa) Nestle Toll House breallaigh seacláide leath-milis; roinnte
- ¾ cupán im; bogtha
- 1¼ cupán Siúcra milseogra Sifted
- 1 cupán plúr uilechuspóireach
- ⅓ teaspoon Salann

Treoracha

a) Preheat oigheann go 250 céim. Sa chupán, déan caife toirt Nescafe Classic a dhíscaoileadh i bhfiuchphointe uisce; curtha i leataobh. Leáigh thar uisce te (ní fiuchphointe), 1 cupán breallaigh seacláide leath-milis Teach Nestle Toll; corraigh go dtí go réidh.

b) Bain as teas; curtha i leataobh. I mbabhla mór, le chéile im, siúcra milseogra agus caife; buille go dtí go réidh. De réir a chéile chumasc i plúr agus salann.

c) Corraigh i morsels leáite. Rollaigh taos idir dhá phíosa páipéir céirithe go tiús 3/16-orlach. Bain barr leathán; gearrtha amach fianáin ag baint úsáide as gearrthóir fianán 2-½ orlach. Bain as páipéar céirithe agus cuir ar leatháin fianán neamhreasaithe. Bácáil ag 250 céim ar feadh 25 nóiméad. Cool go hiomlán ar racaí sreang.

d) Leáigh thar uisce te (gan a bheith fiuchphointe), 1 cupán fágtha Nestle Toll House morsels seacláide leath-milis; corraigh go dtí go réidh. Scaip teaspoonful beag seacláide leáite ar thaobh cothrom na fianán; barr leis an dara fianán. Déan leis na fianáin atá fágtha.

e) Chill go dtí go socraithe. Lig seasamh ag teocht an tseomra 15 nóiméad roimh ag freastal. Déanann thart ar 1-½ dosaen fianáin 2-½ orlach.

7. Fianáin arán gearr peanut

Toradh: 30 riar

Comhábhair

- 250 millilítear Im; Gan salann, Softened
- 60 millilítear Im Pís talún Uachtarach
- 1 Uibheacha Bán mór; Scartha
- Sliocht Vanilla 5 millilítear
- 325 millilítear Plúr Uilechuspóireach
- 250 millilítear Coirce Rollta Sean-nóis
- 60 millilítear miocrób Cruithneachta
- 250 millilítear Píseanna talún Rósta Tirim Saillte; mionghearrtha go mín
- 250 millilítear Siúcra Donn Éadrom; pacáilte go daingean

Treoracha

a) I mbabhla mheascadh le meascthóir leictreach, uachtar le chéile Im, Peanut Im, Siúcra, ansin buille i buíocán uibhe agus sliocht vanilla.

b) Cuir plúr, coirce agus miocrób cruithneachta leis agus buail an meascán go dtí go mbeidh sé comhcheangailte. Scaip an fuidrimh go cothrom isteach i bpanna rolla glóthach im, 15 - ½ x 10-½ x 1 orlach (40 x 27 x 2½ cm) ag smúdáil an barr, scaip bán uibhe, buailte go héadrom, thar fuidrimh, agus ansin sprinkle peanuts go cothrom thairis air. .

c) Bácáil an meascán i lár oigheann réamhthéite 300 F (150 C) ar feadh 25 go 30 nóiméad, nó go dtí go bhfuil an barr donn órga.

d) Aistrigh an uile go dtí raca sreinge chun fuarú. Cé go bhfuil an meascán fós te, gearrtha i gcearnóga cothroma beaga agus lig do na fianáin fuarú go hiomlán sa phanna.

8. Fianáin spíosúla arán gearr

Toradh: 30 riar

Comhábhair

- 1 cupán margairín, bogtha
- ⅔ cupán Siúcra púdaraithe sifted
- ½ teaspoon nutmeg talún
- ½ teaspoon cainéal talún
- ½ teaspoon Sinséar talún
- 2 chupán plúr uilechuspóireach

Treoracha

a) Im uachtar; de réir a chéile cuir siúcra, beating ar luas meánach de meascthóir leictreach go dtí éadrom agus clúmhach. Cuir spíosraí leis, agus buille go maith.

b) Corraigh plúr. Beidh taos righin. Cruth an taos ina liathróidí 1 1$ orlach, agus cuir 2 orlach óna chéile ar leatháin fianán atá greased go héadrom. Brúigh fianáin go héadrom le stampa fianán plúr nó forc chun iad a leacú go dtí tiús ¼ orlach. Bácáil ag 325 ar feadh 15 go 18 nóiméad nó go dtí go ndéantar é. Lig fionnuar ar racaí sreang.

9. Fianáin Pecan shortbread

Toradh: 2 Dhosaen

Comhábhair

- ¾ punt ime
- 1 cupán Siúcra Milseogra
- 3 chupán Plúr, scagtha
- ½ teaspoon Salann
- ½ teaspoon vanilla
- ¼ cupán Siúcra
- ¾ cupán Pecans, gearrtha go mín

Treoracha

a) Im uachtar agus siúcra milseogra le chéile go dtí go solas.

b) Sift plúr agus salann le chéile agus cuir leis an meascán uachtair. Cuir vanilla agus cumasc go maith. Cuir pecans leis.

c) Bailigh an taos isteach i liathróid, fillte i bpáipéar céir, agus fuaraigh go dtí go mbeidh sé daingean.

d) Rollaigh amach taos fuaraithe go dtí tiús $\frac{1}{2}$". Bain úsáid as gearrthóir fianán, gearr amach na fianáin. Sprinkle bairr le siúcra gráinnithe. Cuir na fianáin gearrtha amach ar leathán fianán neamhleasaithe agus cuisnigh ar feadh 45 nóiméad roimh bhácáil.

e) Preheat oigheann go 325F. Bácáil ar feadh 20 nóiméad nó go dtí go dtosaíonn tú ag dathú go héadrom; níor chóir go mbeadh fianáin donn ar chor ar bith. Cool ar raca.

10.   Fianáin ghearr arán cnó coill Oregon

Toradh: 36 Fianáin

Comhábhair
- 1 cupán cnónna coill rósta Oregon
- $\frac{3}{4}$ cupán im; fuaraithe
- $\frac{3}{4}$ cupán Siúcra
- $1\frac{1}{2}$ cupán plúr neamhthuartha

Treoracha

a) Meileann cnónna coill rósta i bpróiseálaí bia go meileann garbh. Cuir im agus siúcra leis agus próiseáil go maith. Cuir an meascán cnónna, im agus siúcra sa bhabhla meascáin, agus cuir plúr ($\frac{1}{2}$ cupán ag an am) ag meascadh gach suimiú go hiomlán. Comhcheangail an meascán i liathróid.

b) Déan liathróidí 1-$\frac{1}{2}$-orlach agus cuir ar bhileog fianán neamh-mhaide, thart ar $\frac{1}{2}$-orlach óna chéile.

c) Bácáil ag 350 ar feadh 10-12 nóiméad. Cuisnigh an chuid eile den taos go dtí go mbeidh tú réidh le bácáil.

Fianáin Seacláid

11.   Fianáin Pretzel agus Carmel

Déanann thart ar 2 dosaen

Comhábhair

- 1 meascán císte seacláide pacáiste (méid rialta)
- 1/2 cupán im, leáite
- 2 uibheacha móra, teocht an tseomra
- 1 cupán pretzels miniature briste, roinnte
- 1 cupán sliseanna seacláide semisweet
- 2 spúnóg bhoird saillte caramal bearrtha

Treoracha

a) Preheat oigheann go 350 °. Comhcheangail meascán císte im leáite agus uibheacha; buille go dtí go chumasc. Corraigh i 1/2 cupán pretzels, sliseanna seacláide, agus caramal bearrtha.

b) Buail le spúnóg bhoird chothromú 2 isteach. óna chéile ar leatháin bácála greased. Flatten beagán le bun gloine; brúigh pretzels fágtha ar bharr gach ceann acu. Bácáil 8-10 nóiméad nó go dtí go bhfuil sé socraithe.

c) Cool ar pannaí ar feadh 2 nóiméad. Bain go racaí sreang chun fuarú go hiomlán.

12. Fianán Cnáib Buckeye

Déanann sé 12 riar

Comhábhair

- 1 meascán císte seacláide pacáiste (méid rialta)
- 2 uibheacha móra, teocht an tseomra
- 1/2 cupán ola olóige
- 1 cupán sliseanna seacláide semisweet
- 1 cupán im peanut creamy
- 1/2 cupán siúcra milseogra

Treoracha

- Preheat oigheann go 350 °.
- I mbabhla mór, le chéile meascán císte, uibheacha, agus ola go dtí go chumasc. Corraigh i sliseanna seacláide. Brúigh leath an taos isteach i 10-in. iarann teilgthe nó sciléad oigheanndhíonach eile.
- Comhcheangail im peanut agus siúcra milseogra; scaipeadh thar taos i skillet.
- Brúigh an taos atá fágtha idir leatháin phár isteach i 10-in. ciorcal; áit ró-líonadh.
- Bácáil go dtí go dtagann toothpick isteach sa lár amach le blúiríní tais, 20-25 nóiméad.

13.   Fianáin meascán císte

Déanann: 54 riar

Comhábhair

- 1 pacáiste Meascán Císte Seacláide Gearmánach; maróg san áireamh
- 1 cupán Sceallóga Seacláide Semisweet
- ½ cupán Coirce Rollta
- ½ cupán rísíní
- ½ cupán ola olóige
- 2 Uibheacha; beagán buailte

Treoracha

a) Oigheann teasa go 350 céim.

b) I mbabhla mór, cuir na comhábhair go léir le chéile; chumasc go maith. Buail an taos trí thaespúnóg chothromú dhá orlach óna chéile ar leatháin fianán neamhleasaithe.

c) Bácáil ag 350 céim ar feadh 8-10 nóiméad nó go dtí go bhfuil sé socraithe. Cool 1 nóiméad; bhaint as bileoga fianán.

14.   Fianáin Géarchor Diabhal

Déanann: 60 fianáin

Comhábhair

- 1 18.25-unsa meascán císte seacláide
- ½ cupán ola olóige
- 2 uibheacha, beagán buailte
- ½ cupán pecans mionghearrtha
- 5 barraí seacláide bainne rialta, roinnte i gcearnóga
- ½ cupán cnó cócó calógaithe milsithe

Treoracha

a) Preheat oigheann go 350°F.
b) Comhcheangail meascán císte, ola, agus uibheacha i mbabhla agus measc go hiomlán. Fill pecans go réidh isteach i fuidrimh.
c) Buail an fuidrimh le spúnóga ar leatháin fianán nach bhfuil saillte. Bácáil ar feadh 10 nóiméad. Bain nuair a bhíonn fianáin socraithe ach fós beagán bog sa lár.
d) Cuir cearnóg amháin de sheacláid bhainne ar gach fianán. Nuair a leáigh sé, scaipeadh chun sciath seacláide a chruthú ar bharr an fhianán.
e) Aistrigh fianáin láithreach chuig raca sreang agus lig dóibh fuarú go hiomlán.

15.   Fianáin Pecan

Déanann: 24 fianáin

Comhábhair

- 1 cupán im pecan meascán císte
- 1 cupán meascán císte seacláide
- 2 uibheacha, beagán buailte
- $\frac{1}{2}$ cupán ola olóige
- 2 spúnóg uisce

Treoracha

a) Preheat oigheann go 350°F.
b) Comhcheangail Comhábhair agus meascadh chun fuidreamh cothrom a dhéanamh.
c) Buail le spúnóga isteach ar leathán fianán neamhleasaithe. Bácáil ar feadh 15 nóiméad nó go dtí go órga agus socraithe.
d) Lig fionnuar ar bhileog fianán ar feadh 5 nóiméad. Bain go raca sreang chun fuarú go hiomlán.

16. Brownies Uachtar bhuailtí

Déanann: 48 fianáin

Comhábhair

- 1 18-unsa meascán císte seacláide bosca
- 1 spúnóg bhoird púdar cócó
- 1 ubh
- 1 cupán pecans, mionghearrtha
- ¼ cupán siúcra
- 4 unsa bhuailtí bearrtha

Treoracha

a) Preheat oigheann go 350°F.
b) Comhcheangail meascán císte, púdar cócó, agus ubh agus measc go maith. Fill pecans go réidh isteach i taos.
c) Cóta do lámha le siúcra, ansin cruthaigh taos ina liathróidí beaga. Cóta liathróidí fianán le siúcra.
d) Cuir ar bhileog fianán, ag fágáil 2 orlach idir fianáin.
e) Bácáil 12 nóiméad nó go dtí go bhfuil sé socraithe. Bain as oigheann agus aistrigh chuig raca sreang chun fuarú. Barr le bearrtha buailte.

17.   Fianáin Sandwich meascán císte

Déanann: 10

Comhábhair

- 1 18.25-unsa meascán císte seacláide bosca
- 1 ubh, teocht an tseomra
- ½ cupán im
- 1 12-unsa sioc fanaile tub

Treoracha
a) Preheat oigheann go 350°F.
b) Clúdaigh bileog fianán le sraith de pháipéar pár. Curtha i leataobh.
c) I mbabhla meascadh mór, cuir meascán císte, ubh, agus im le chéile. Bain úsáid as meascthóir leictreach chun fuidreamh mín aonfhoirmeach a chruthú.
d) Rollaigh taos fianán ina liathróidí 1" agus cuir ar bhileog fianán iad. Brúigh spúnóg ar gach liathróid lena flatten. Bácáil ar feadh 10 nóiméad.
e) Lig do na fianáin fuarú go hiomlán sula ngearrtar sraith sioc idir dhá fhianán.

18. Fianáin Granola agus Seacláid

Déanann: 36 fianáin

Comhábhair

- 1 18.25-unsa meascán císte seacláide
- ¾ cupán Im, bogtha
- ½ cupán siúcra donn pacáilte
- 2 uibheacha
- 1 cupán granola
- 1 cupán sliseanna seacláide bán
- 1 cupán silíní triomaithe

Treoracha

a) Réamhthéamh oigheann go 375°F.
b) I mbabhla mór, le chéile meascán císte, im, siúcra donn, agus uibheacha agus buille go dtí go foirmeacha fuidrimh.
c) Corraigh i granola agus sceallóga seacláide bán. Buail le teaspoonfuls thart ar 2 orlach óna chéile ar leatháin fianán unreased.
d) Bácáil ar feadh 10-12 nóiméad nó go dtí go bhfuil na fianáin donn éadrom órga timpeall an imill.
e) Fuaraigh ar leatháin fianán ar feadh 3 nóiméad, ansin bain chuig raca sreang.

20. Fianáin Gearmánacha

Déanann: 4 Dosaen fianáin

Comhábhair

- 1 Bosca 18.25-unsa Meascán císte seacláide Gearmánach
- 1 cupán sliseanna seacláide semisweet
- 1 cupán mhin choirce
- ½ cupán ola olóige
- 2 uibheacha, beagán buailte
- ½ cupán rísíní
- 1 teaspoon vanilla

Treoracha
a) Preheat oigheann go 350°F.
b) Comhcheangail na comhábhair go léir. Measc go maith ag baint úsáide as meascthóir leictreach a leagtar ar luas íseal. Má fhorbraíonn blúiríní plúir, cuir dribble uisce leis.
c) Buail an taos le spúnóga ar leathán fianán nach bhfuil saillte.
d) Bácáil ar feadh 10 nóiméad.
e) Fuaraigh go hiomlán sula n-ardaítear fianáin den bhileog agus ar mhias riartha.

21. Fianáin Anisette

Freastal: 36

Comhábhair:

- 1 cupán siúcra
- 1 cupán im
- 3 cupán plúr
- ½ cupán bainne
- 2 uibheacha buailte
- 1 spúnóg bhoird púdar bácála
- 1 spúnóg bhoird sliocht almond
- 2 taespúnóg licéar anisette
- 1 cupán siúcra milseogra

Treoracha:

a) Preheat oigheann go 375 céim Fahrenheit.

b) Cuir an siúcra agus an t-im le chéile go dtí go mbeidh siad éadrom agus clúmhach.

c) Ionchorprú an plúr, bainne, uibheacha, púdar bácála, agus sliocht almond de réir a chéile.

d) Knead an taos go dtí go mbeidh sé greamaitheach.

e) Cruthaigh liathróidí beaga as píosaí taos 1-orlach.

f) Preheat an oigheann go 350°F agus ramhar bileog bácála. Cuir na liathróidí ar an mbileog bácála.

g) Déan an oigheann a théamh go 350°F agus bácáil na fianáin ar feadh 8 nóiméad.

h) Comhcheangail an licéar anisette, siúcra milseogra, agus 2 spúnóg uisce te i mbabhla meascáin.

i) Ar deireadh, tum na fianáin sa glaze agus iad fós te.

22. Fianáin glasa milis

Comhábhair:

- 165 g piseanna glasa.
- 80 g dátaí medjool mionghearrtha.
- 60 g tofu síoda, brúite.
- 100 g plúr almond.
- 1 teaspoon púdar bácála.
- 12 almóinní.

Treoracha:

a) Preheat oigheann go 180°C/350°F.

b) Comhcheangail piseanna agus dátaí i bpróiseálaí bia.

c) Próiseáil go dtí go foirmítear an greamaigh tiubh.

d) Aistrigh an meascán pea isteach i mbabhla. Corraigh i tofu, plúr almond, agus púdar bácála. Cruth an meascán ina 12 liathróid.

e) Socraigh na liathróidí ar bhileog bácála, líneáilte le páipéar pár. Flatten gach liathróid le pailme olach.

f) Cuir almond isteach i ngach fianán. Bácáil na fianáin ar feadh 25-30 nóiméad nó go dtí go bhfuil siad órga.

g) Fuarú ar raca sreang roimh ag freastal.

23. Fianáin smután seacláide

Comhábhair:

- 2 chupán plúr uilechuspóireach saor ó ghlútan.
- 1 teaspoon sóid aráin.
- 1 teaspoon salann mara.
- 1/4 cupán iógart vegan.
- 7 spúnóg bhoird im vegan.
- 3 spúnóg bhoird im caisiú
- 1 1/4 cupán siúcra cnó cócó.
- 2 uibheacha chia.
- Barra seacláide dorcha, burglarize codanna.

Treoracha:

a) Preheat an oigheann go 375° F

b) I mbabhla meascáin mheánmhéide, déan plúr saor ó ghlútan, salann agus sóid bácála a chumasc. Cuir ar leataobh agus tú ag leá an t-im.

c) Cuir an t-im, an iógart, an t-im caisiú, an siúcra cnó cócó isteach i mbabhla agus úsáid a bhaint as seastán nó meascthóir láimhe, cumasc ar feadh cúpla nóiméad go dtí go mbeidh tú comhcheangailte.

d) Cuir na huibheacha chia san áireamh agus measc go maith.

e) Áirigh an plúr go meascán uibheacha chia agus cumasc go híseal go dtí go mbeidh sé comhtháite.

f) Fill na smután seacláide.

g) Cuir an taos i refrigerator a shocrú ar feadh 30 nóiméad.

h) Scrios an taos as an cuisneoir agus lig dó teacht síos go dtí teocht an tseomra, thart ar 10 nóiméad, agus líne bileog fianán le páipéar pár.

i) Ag baint úsáide as do lámha, scóip 1 1/2 spúnóg bhoird de thaos fianán ar an bpárpháipéar. Fág seomra beag idir gach fianán.

j) Fianáin bhácáil ar feadh 9-11 nóiméad. Bain taitneamh as!

BISCOTTI

24. Brownie Biscotti

Comhábhair

- 1/3 cupán im, bogtha
- 2/3 cupán siúcra bán
- 2 uibheacha
- 1 teaspoon sliocht vanilla
- 13/4 cupán plúr uilechuspóireach
- 1/3 cupán púdar cócó neamh-mhilsithe
- 2 spúnóg púdar bácála
- 1/2 cupán sliseanna seacláide semisweet miniature
- 1/4 cupán gallchnónna mionghearrtha
- 1 buíocán uibhe, buailte
- 1 spúnóg bhoird uisce

Treoracha

a) Déan an oigheann a théamh go 375°F (190°C). Bileoga bácála ramhar, nó líne le páipéar pár.

b) I mbabhla mór, uachtar le chéile an t-im agus siúcra go dtí go réidh. Buail na huibheacha isteach ceann i ndiaidh a chéile, ansin corraigh an fanaile isteach. Comhcheangail an plúr, an cócó agus an púdar bácála; corraigh isteach sa mheascán uachtair go dtí go cumasc go maith. Beidh taos righin, mar sin déan an píosa deireanach a mheascadh de láimh. Measc i sliseanna seacláide agus gallchnónna.

c) Roinn an taos ina dhá chuid chothroma. Múnlú isteach i aráin 9x2x1-orlach. Cuir ar bhileog bácála 4 orlach óna chéile. Scuab le meascán uisce agus buíocán.

d) Bhácáil ar feadh 20 go 25 nóiméad san oigheann réamhthéite, nó go dtí go daingean. Fuarú ar bhileog bácála ar feadh 30 nóiméad.

e) Ag baint úsáide as scian serrated, slice na builín go trasnánach i slices 1-orlach. Fill na slices chuig an mbileog bácála, agus iad á gcur ar a taobh. Bácáil ar feadh 10 go 15 nóiméad ar gach taobh, nó go dtí go tirim. Fuaraigh go hiomlán agus stóráil i gcoimeádán aerdhíonach.

25. Almond biscotti

Toradh: 42 riar

Comhábhair

- ½ cupán Im nó margairín, bogtha
- 1¼ cupán Siúcra
- 3 Uibheacha
- 1 teaspoon sliocht fanaile nó blaistithe ainíse
- 2 chupán plúr uilechuspóireach
- 2 taespúnóg púdar bácála
- 1 Fleasc Salann
- ½ cupán Almonds, mionghearrtha
- 2 taespúnóg Bainne

Treoracha

a) I mbabhla mheascadh, im uachtar agus 1 cupán siúcra. Cuir uibheacha, ceann ag an am beating go maith tar éis gach breise. Corraigh in ainíse nó fanaile.

b) Comhcheangail Comhábhair thirim; a chur le meascán creamed. Corraigh i almóinní.

c) Líne bileog bácála le scragall agus scragall ramhar. Roinn taos ina dhá leath; scaipeadh ina dhá 12x3 i dronuilleoga ar scragall. Scuab le bainne agus sprinkle siúcra atá fágtha. Bácáil ag 375 céim. ar feadh 15 go 20 nóiméad. nó go dtí go donn órga agus daingean faoi do lámh. Bain as oigheann agus teas a laghdú go dtí 300 deg. Ardaigh dronuilleoga le scragall ar raca sreinge; fionnuar ar feadh 15 nóiméad. Cuir ar chlár gearrtha; slice go trasnánach $\frac{1}{2}$ isteach. Cuir an tslis leis an taobh gearrtha síos nó leatháin bhácála neamhleasaithe. Bácáil ar feadh 10 nóiméad.

d) Tiontaigh fianáin; bhácáil 10 min. níos mó. Múch an oigheann, ag fágáil fianáin san oigheann; le doras ajar chun fuarú. Stóráil i gcoimeádán aerdhíonach.

26.   Anise biscotti

Toradh: 1 riar

Comhábhair

- 2 chupán + 2 spúnóg plúr
- ¾ cupán Siúcra
- 1 spúnóg bhoird síolta Anise, brúite
- 1 teaspoon púdar bácála
- ½ teaspoon sóid aráin
- ¼ teaspoon Salann
- 3 choibhéis uibheacha
- 2 spúnóg bhoird de zest líomóide úr grátáilte (nó
- 1 spúnóg tirim)
- 1 spúnóg bhoird Sú líomóide úra

Treoracha

a) Preheat oigheann go 325 céim F. Cóta bileog bácála le neamh-bata spraeála nó pár. I mbabhla meánach, cuir plúr, siúcra, síolta anise, púdar bácála, sóid bácála agus salann le chéile. Whisk le chéile comhionann uibheacha, zest líomóide, agus sú líomóide, agus a chur leis an tirim Comhábhair. Measc go maith.

b) Agus tú ag obair ar dhromchla plúr, cruthaigh an taos ina dhá lomán, gach ceann acu thart ar 14 orlach ar fad agus 1-$\frac{1}{2}$ orlach ar tiús. Socraigh na logaí ar bhileog bácála ullmhaithe, ar a laghad 4 orlach óna chéile (scaipfidh an taos le linn bácála). Bácáil ar feadh 20 go 25 nóiméad, go dtí go daingean faoi do lámh.

c) Aistrigh na logaí chuig an raca chun fuarú. Laghdaigh teocht an oighinn go 300 céim F. Gearr na lomáin go trasnánach i slisní $\frac{1}{2}$ orlach-tiubh, ag baint úsáide as scian serrated agus gluaisne mhín sábhála. Seas na slisní ar a taobh ar an mbileog bácála agus filleadh ar an oigheann.

d) Bácáil ar feadh 40 nóiméad. Bain as oigheann agus fuaraigh go hiomlán roimh é a stóráil. Beidh biscotti briosc mar a fhuaraíonn siad. Stóráil, i gcoimeádán aer-daingean, suas le mí.

e) Déanann sé thart ar 4 dosaen biscotti.

27. Anise líomóid biscotti

Toradh: 1 Freastal

Comhábhair

- 2 chupán Plúr bán neamhthuartha
- 1 teaspoon púdar bácála
- $\frac{1}{4}$ teaspoon Salann
- 1 cupán Siúcra
- 2 Uibheacha iomlána
- 1 Uibheacha bán
- 2 spúnóg bhoird craiceann líomóide úrghrátáilte
- 1 spúnóg bhoird Síolta ainíse talún

Treoracha

a) Preheat an oigheann go 350 céim. Ullmhaigh bileog bácála le spraeála cócaireachta nó le sciath ola an-éadrom. I mbabhla meascadh mór, sift le chéile plúr, cornmeal, púdar bácála, agus salann. Buail na huibheacha go héadrom agus cuir leis an meascán plúir iad.

b) Corraigh an síoróip mhailpe, an fanaile, agus na gallchnónna, ag meascadh díreach go dtí go bhfuil an taos réidh. Ag baint úsáide as spatula rubair agus na lámha plúr, scoop leath an taos amach as an mbabhla agus ar thaobh amháin den bhileog bácála. Cruth an taos isteach i log 15" ar fad.

c) Déan an dara logáil ar an taobh eile den tráidire bácála leis an taos atá fágtha. Spás na lomáin ar a laghad 6" óna chéile. Bácáil ar feadh 25-30 nóiméad, go dtí go bhfuil barr gach loga biscotti daingean.

d) Bain iad le spatula fada le raca sreang agus fuaraigh ar feadh 10-15 nóiméad. Gearr gach log ar thrasnán dian i thart ar 20½" slices tiubh agus iad a chur, gearrtha taobh síos, ar an mbileog bácála Laghdaigh an teocht oigheann go 350 céim agus bácáil ar feadh 15 nóiméad.

e) Te ón oigheann, d'fhéadfadh na biscotti a bheith beagán bog sa lár, ach cruaeoidh siad agus iad ag fuarú.

f) Lig dóibh fuarú go hiomlán. Stóráilte i stán nó coimeádán eile atá dúnta go docht, coimeádfaidh siad ar feadh cúpla seachtain ar a laghad.

28. biscotti silíní

Toradh: 24 biscotti

Comhábhair

- 2 chupán plúr uilechuspóireach
- 1 cupán Siúcra
- ½ teaspoon púdar bácála
- ½ teaspoon Salann
- ¼ cupán Im; gearrtha i bpíosaí beaga
- 1 cupán almóinní Iomlán; chop garbh
- 1 cupán Silíní candied iomlán
- 2 Uibheacha móra; beagán buailte
- ½ teaspoon vanilla
- 1 spúnóg bhoird bainne (roghnach)

Treoracha

a) Preheat oigheann go 350 céim. Grease bileog bácála mór.

b) Comhcheangail plúr, siúcra, púdar bácála agus salann i mbabhla. Gearr isteach im le cumascóir taosráin go dtí go gcruthóidh blúiríní garbh. Corraigh i almóinní agus silíní. Corraigh uibheacha agus fanaile isteach go dtí go mbeidh siad cumasc go maith Má tá an meascán brioscach tirim, cuir bainne leis.

c) Roinn an meascán ina dhá leath.

d) Ar dhromchla plúr go héadrom, le lámha plúr, brúigh an taos le chéile agus cruth i dhá logs 10-orlach. Flatten go leithead 2-$\frac{1}{2}$-orlach. Cuir logaí ar bhileog bácála ullmhaithe.

e) Bácáil in oigheann 350 céim ar feadh 30 go 35 nóiméad. Le dhá spatula, aistrigh na logaí chuig an raca chun fuarú ar feadh 20 nóiméad.

f) Le scian serrated, gearr gach log go trasnánach i slices $\frac{3}{4}$-orlach-tiubh.

g) Fill ar an mbileog bácála. Bácáil 15 nóiméad nó go dtí go bhfuil na fianáin briosc agus daingean chun teagmháil a dhéanamh leo. Aistriú chuig raca sreang chun fuarú. Stóráil i gcoimeádán aerdhíonach ar feadh suas le 2 sheachtain.

29. Cnó Coill agus brioscaí aibreog

Toradh: 1 Freastal

Comhábhair

- 4 cupán Plúr
- 2½ cupán Siúcra
- 1 teaspoon púdar bácála
- ½ teaspoon Salann
- 6 Uibheacha
- 2 buíocáin uibhe
- 1 spúnóg bhoird sliocht fanaile
- 1 cupán cnónna coill, tósta, scafa,
- mionghearrtha
- 1½ cupán aibreoga triomaithe go mín
- 2 spúnóg uisce

Treoracha

a) Preheat oigheann go 350F.

b) Idir an dá linn, isteach i mbabhla mór, sift le chéile an plúr, siúcra, púdar bácála agus salann. I mbabhla eile, buail 5 cinn de na huibheacha, 2 bhuíocán uibhe agus fanaile le chéile. Measc na huibheacha buailte leis an meascán plúir agus cuir na cnónna coill agus aibreoga leis.

c) Ar chlár éadrom plúr, knead an taos ar feadh 5-7 nóiméad, nó go dtí go chumasc go cothrom. Má tá an taos ró-ghrumbly le coinneáil le chéile, cuir beagán uisce leis. Roinn an taos ina 4 chuid agus rollaigh gach ceann díobh seo i sorcóir 2 orlach ar trastomhas.

d) Cuir 2 sorcóir 3 orlach óna chéile ar gach ceann de 2 bhileog bácála dea-greasaithe agus leathnaigh beagán. Buail an ubh atá fágtha leis an uisce agus scuab gach sorcóir leis an meascán. Bácáil san oigheann réamhthéite ar feadh 35 nóiméad, nó go dtí go mbeidh sé socraithe.

e) Bain as an oigheann agus laghdaigh an teas go 325F. Slis go trasnánach an biscotti $\frac{3}{4}$ orlach tiubh. Scaip an slisnithe amach ar na bileoga bácála agus fill ar ais chuig an oigheann ar feadh 10 nóiméad, nó go dtí go dtosaíonn tú ag dathú. Lig fionnuar agus stóráil i jar aerdhíonach.

30. biscotti ardaigh líomóid

Toradh: 30 Freastal

Comhábhair

- ½ cupán almóinní; iomlán tósta
- ⅓ cupán Im; milis
- ¾ cupán Siúcra; gráinneach
- 2 Uibheacha; mór
- 1 teaspoon sliocht fanaile
- 3 taespúnóg Zest líomóide
- 2¼ cupán plúr uilefheidhme
- 1½ teaspoon Rosemary úr; mionghearrtha go mín
- ¼ teaspoon Salann

Treoracha

a) Uachtar im agus siúcra le chéile. Cuir isteach uibheacha, fanaile, zest líomóide, Rosemary, salann, agus púdar bácála. Cuir cupán amháin ag an am leis an plúr.

b) Pat isteach 2 builín thart ar 1-orlach ar airde agus 2-orlach ar leithead. Bácáil ag 325'F ar feadh 25 nóiméad nó go dtí go donn órga.

c) Bain as an oigheann agus sleamhnaigh amach as an bpanna bácála ar chlár gearrtha. Gearr aráin ina slisní ½ orlach tiubh agus cuir ar ais ar an bpanna bácála iad ar a thaobh.

d) Fill pan bácála chuig an oigheann agus bácáil 10 nóiméad eile nó go dtí go brioscach.

Fianáin SIÚICRE

31. Fianáin siúcra almond

Toradh: 32 fianáin

Comhábhair

- 5 spúnóg bhoird margairín (75 g)
- 1½ spúnóg bhoird fruchtós
- 1 tablespoon bán Uibheacha
- ¼ teaspoon Almond, vanilla, nó sliocht líomóide
- 1 cupán plúr neamhthuartha
- ⅛ teaspoon sóid aráin
- 1 pinch Uachtar tartar
- 32 slisne Almond

Treoracha

a) Preheat oigheann go 350F (180C). I mbabhla meánmhéide, le chéile margairín agus fruchtós, beating go dtí éadrom agus fluffy. Measc i bán uibhe agus sliocht almond. De réir a chéile corraigh i plúr, sóid aráin, agus uachtar tartar; mheascadh go maith. Déan liathróidí ½ orlach (1½ cm). Cuir ar bhileog fianán nonstick.

b) Cuir gloine bunréidh isteach sa phlúr agus brúigh síos ar gach liathróid chun fianán a leá. Barr gach fianán le slice almond. Bácáil ar feadh 8 go 10 nóiméad, go dtí go donn éadrom. Aistrigh go páipéar pár nó céir chun fuarú.

32. Fianáin Siúcra

Déanann: 48 fianáin

Comhábhair

- 1 18.25-unsa meascán císte seacláide bán
- ¾ cupán im
- 2 gealacán uibhe
- 2 spúnóg bhoird uachtar éadrom

Treoracha

a) Cuir an meascán císte i mbabhla mór. Ag baint úsáide as cumascóir taosráin nó dhá fhorc, gearrtha i Im go dtí go bhfuil na cáithníní fíneáil.
b) Measc i whites ubh agus uachtar go dtí go measctha. Cruth taos isteach i liathróid agus clúdach.
c) Chill ar feadh ar a laghad dhá uair an chloig agus oiread agus is 8 uair an chloig i refrigerator.
d) Réamhthéamh oigheann go 375°F.
e) Rollaigh an taos isteach i liathróidí 1" agus cuir ar leatháin fianán unreased. Leacaigh go tiús ¼" le bun gloine.
f) Bácáil ar feadh 7-10 nóiméad nó go dtí go bhfuil imill na bhfianán donn éadrom.
g) Fuaraigh ar leatháin fianán ar feadh 2 nóiméad, ansin bain chuig racaí sreang chun fuarú go hiomlán.

33. Fianáin Siúcra le Frosting Uachtar Im

Toradh: 5 DOISIN

Comhábhair

Fianán:

- 1 cupán im
- 1 cupán siúcra bán
- 2 ubh
- 1/2 teaspoon sliocht vanilla
- 31/4 cupán plúr uilechuspóireach
- 1/2 teaspoon púdar bácála
- 1/2 teaspoon sóid aráin
- 1/2 teaspoon salann

Fuaradh uachtar ime:

- 1/2 cupán ghiorrú
- 1 punt siúcra milseogra
- 5 spúnóg uisce
- 1/4 teaspoon salann
- 1/2 teaspoon sliocht vanilla
- 1/4 teaspoon im blaistithe sliocht

Treoracha

a) I mbabhla mór, measc an im, siúcra, uibheacha agus fanaile le meascthóir leictreach go dtí go mbeidh sé éadrom agus clúmhach. Comhcheangail an plúr, an púdar bácála, an tsóid bácála agus an salann; de réir a chéile corraigh an meascán plúir isteach sa mheascán ime go dtí go mbeidh sé cumasc go maith le spúnóg láidir. Chill taos ar feadh 2 uair an chloig.

b) Preheat an oigheann go 400°F (200°C). Ar dhromchla éadrom plúr, rolladh amach an taos go tiús 1/4-orlach. Gearr isteach cruthanna inmhianaithe ag baint úsáide as gearrthóirí fianán. Cuir na fianáin 2 orlach óna chéile ar leatháin fianán neamhleasaithe.

c) Bácáil ar feadh 4 go 6 nóiméad san oigheann réamhthéite. Bain fianáin as pan agus fuaraigh ar racaí sreang.

d) Ag baint úsáide as meascthóir leictreach, giorrú buille, siúcra milseogra, uisce, salann, sliocht fanaile, agus blaistithe im go dtí go clúmhach. Fianáin sioc tar éis dóibh fuarú go hiomlán.

34. Fianáin siúcra brící almond

Toradh: 1 Freastal

Comhábhair

- 2¼ cupán plúr uilefheidhme
- 1 cupán Siúcra
- 1 cupán im
- 1 Ubh
- 1 teaspoon sóid aráin
- 1 teaspoon vanilla
- 6 unsa Giotán brící Almond

Treoracha

a) Preheat oigheann go 350F. Bileoga fianán ramhar. I mbabhla measctóir mór, le chéile plúr, siúcra, im, ubh, sóid aráin agus fanaile. Buille ar luas meánach, scríobadh babhla go minic, go dtí go measctha go maith, 2 go 3 nóiméad. Corraigh i giotán brící almond.

b) Cruth cruinn teaspoonful taos i liathróidí 1 orlach. Cuir 2 orlach óna chéile ar bhileoga fianán ullmhaithe. Fianáin Flatten go dtí tiús ¼ orlach le bun gloine im tumtha i siúcra.

c) Bácáil 8 go 11 nóiméad nó go dtí go bhfuil na himill an-éadrom donn. Bain láithreach.

35. Fianáin siúcra Amish

Toradh: 24 riar

Comhábhair

- ½ cupán Siúcra;
- ⅓ cupán Siúcra Púdraithe;
- ¼ cupán margairín; (1/2 bata)
- ⅓ cupán ola glasraí
- 1 Uibheacha; (mór)
- 1 teaspoon vanilla
- 1 teaspoon Lemon nó almond blaistithe
- 2 spúnóg uisce
- 2¼ cupán plúr uilefheidhme
- ½ teaspoon sóid aráin
- ½ teaspoon uachtar tartar;
- ½ teaspoon Salann

Treoracha

a) Cuir siúcraí, margairín agus ola i mbabhla meascthóir agus measc ar luas meánach go dtí go mbeidh siad uachtair. Cuir ubh, fanaile, blaistithe agus uisce leis, agus measc ar luas meánach ar feadh 30 soicind, scríobadh síos an babhla roimh agus tar éis na Comhábhair seo a chur leis.

b) Corraigh na Comhábhair atá fágtha le chéile chun iad a chumasc go maith; cuir le meascán creamy agus meascán ar luas meánach a chumasc. Déan an taos ina 24 liathróid ag baint úsáide as 1 spúnóg bhoird in aghaidh an liathróid.

c) Cuir na liathróidí ar leatháin fianán a spraeáladh le sprae pan nó atá líneáilte le scragall alúmanaim. Brúigh na liathróidí síos go cothrom go $\frac{1}{2}$' agus cúl spúnóg bhoird tumtha in uisce.

d) Bácáil ag 375 ar feadh 12 go 14 nóiméad, nó go dtí go bhfuil na fianáin donn ar an mbun agus go bhfuil siad donn éadrom timpeall na n-imill. Bain na fianáin chuig raca sreinge agus fuaraigh go teocht an tseomra.

36.   Fianáin bhunúsacha siúcra blonag

Toradh: 1 riar

Comhábhair

- ¾ cupán blonag
- ¾ cupán Siúcra donn pacáilte
- 1 an ceann Uibheacha
- 1 teaspoon vanilla
- 1 teaspoon púdar bácála

2 chupán Plúr

Treoracha

a) Buail an blonag, an siúcra agus an ubh le chéile go dtí go mbeidh siad uachtair agus cumasc go maith.

b) Corraigh an fanaile isteach, agus cuir an púdar bácála agus an plúr leis go dtí go gcruthófar taos.

c) Foirm an taos i liathróidí thart ar 1 orlach ar trastomhas, agus cuir ar bhileog fianán.

d) Leacaigh na liathróidí beagán le do mhéara chun fianán cruinn a dhéanamh. (Le haghaidh fianáin siúcra, sprinkle an barr le beagán siúcra.) Bácáil in oigheann réamhthéite 350 go dtí go bhfuil na himill nicely donn.

e) Bain agus lig fionnuar.

37. Fianáin siúcra cainéil

Toradh: 48 Freastal

Comhábhair
- 2½ cupán Plúr
- ½ cupán im
- 2½ teaspoon púdar bácála
- ¾ cupán Siúcra
- ¼ teaspoon Salann
- 1 Uibheacha; buailte
- ⅛ teaspoon Cinnamon
- ½ cupán buttermilk
- Meascán Siúcra
- ½ cupán Siúcra
- 1 teaspoon Cinnamon

Treoracha

a) Measc plúr le púdar bácála, salann agus ⅛ teaspoon cainéal. I mbabhla eile, giorrú uachtar agus siúcra go dtí go éadrom agus clúmhach. Cuir ubh agus buille go maith.

b) Corraigh isteach ⅓den phlúr, ansin cuir bainne agus an plúr atá fágtha, meascadh idir gach breise. Ná cuir níos mó plúir isteach, déanfaidh sé taos bog nach mbeidh greamaitheach tar éis é a fhuaraithe.

c) Chill an taos i refrigerator ar feadh cúpla uair an chloig go dtí go fuaraithe go maith. Tóg spúnóg bhoird de thaos agus déan liathróidí go réidh.

d) Rollaigh na liathróidí taos sa mheascán cainéal/siúcra agus ansin leata agus cuir ar bhileog fianán greased agus bácáil ag 375 céim ar feadh thart ar 12 nóiméad.

38. Fianáin siúcra scáinte

Toradh: 48 Freastal

Comhábhair
- 1¼ cupán Siúcra
- 1 cupán Im, softened
- 3 Buíocáin uibhe mhóra, buailte
- 1 teaspoon sliocht fanaile
- 2½ cupán Plúr uilefhóinteach scagtha
- 1 teaspoon sóid aráin
- ½ teaspoon Uachtar tartar

Treoracha

a) Preheat oigheann go 350 céim. Go héadrom ramhar dhá bhileog fianán. Siúcra uachtar agus im le chéile go dtí go solas. Buille i buíocáin agus fanaile.
b) Scag an plúr scagtha tomhaiste, an tsóid bhácála agus an t-uachtar tartar le chéile, ansin fillte isteach sa mheascán siúcra ime.
c) Déan an taos ina liathróidí de mhéid gallchnó. Cuir 2" óna chéile ar na bileoga fianán. Ná leathnaigh.
d) Bácáil ar feadh thart ar 11 nóiméad, go dtí go bhfuil bairr scáinte agus díreach ag casadh dath. Cool ar raca sreinge. Déanann 4 dosaen.

39. Fianáin siúcra pecan

Toradh: 1 Freastal

Comhábhair
- 1¼ cupán Siúcra, Uisce donn éadrom
- 3 spúnóg mil
- 1 Ubh
- 2⅓ cupán Plúr
- 1 cupán Pecans, talamh garbh
- 2½ spúnóg bhoird cainéil
- 1 tablespoon sóid aráin
- 1 spúnóg bhoird Allspice

Treoracha

a) I mbabhla mheascadh le chéile siúcra donn, uisce, mil agus ubh. Buille thart ar 10 soicind le meascthóir.
b) I mbabhla ar leith le chéile plúr, pecans, cainéal, allspice agus sóid aráin, púdar bácála, mheascadh go maith.
c) Cuir le Comhábhair fliuch agus corraigh. Buail fuidrimh in aice leis na teaspoonfuls ar leathán fianán greased. Bácáil ag 375 céim ar feadh 12 nóiméad.
d) Déanann thart ar 3 dosaen fianáin. Lig fionnuar go maith roimh stóráil.

40. Fianáin siúcra spíosraí

Toradh: 40 Fianáin

Comhábhair

- ¾ cupán Giorrú glasraí ag teocht an tseomra
- 1 cupán Siúcra donn éadrom pacáilte go daingean
- 1 Uibheacha mór, buailte go héadrom
- ¼ cupán Molás neamhshulfair
- 2 chupán plúr uilechuspóireach
- 2 taespúnóg sóid aráin
- 1 teaspoon Cinnamon
- 1 teaspoon ginger Ground
- ½ teaspoon Clóibh talún
- ¼ teaspoon Salann
- Siúcra gránaithe chun na liathróidí taos a thumadh.

Treoracha

a) I mbabhla uachtar é a ghiorrú leis an siúcra donn go dtí go bhfuil an meascán éadrom agus clúmhach agus corraigh isteach an ubh agus an molás. I mbabhla eile scáin le chéile an plúr, an sóid aráin, an cainéal, an sinséar, na clóibh agus an salann, cuir an meascán plúir i mbaisceanna leis an meascán giorraithe, agus measc an taos go maith. Chill an taos, clúdaithe, ar feadh 1 uair an chloig.

b) Rollaigh spúnóg bhoird leibhéalta den taos ina liathróidí, snámh taobh amháin de gach liathróid isteach sa siúcra gráinnithe, agus socraigh na liathróidí, taobhanna siúcraithe suas, thart ar 3 orlach óna chéile ar bhileoga bácála greased. Bácáil na fianáin i mbaisceanna i lár oigheann F réamhthéite 375 céim ar feadh 10 go 12 nóiméad, nó go dtí go bhfuil siad puffed agus scáinte ar a bharr. aistrigh na fianáin le spatula miotail chuig racaí agus lig dóibh fuarú. Déanann thart ar 40 fianán.

41.   Fianáin siúcra pistéise

Toradh: 1 riar

Comhábhair
- ½ cupán im
- 1 cupán Siúcra
- 1 ubh mhór
- 1 teaspoon vanilla
- 1¼ cupán Plúr scagtha
- 1 teaspoon púdar bácála
- ¼ teaspoon Salann
- ⅓ cupán Pistachios mionghearrtha

Treoracha

a) I mbabhla mór, uachtar im agus siúcra go dtí go bog agus clúmhach; buille i ubh agus fanaile. Comhcheangail plúr, púdar bácála agus salann; a chur leis an meascán creamed agus mheascadh go maith. Chill taos go maith.

b) Preheat oigheann go 375ø. Rollaigh an taos go ¼ orlach tiubh ar chlár a bhfuil plúr éadrom air. Gearr le gearrthóirí fianán agus socraigh ar bhileoga fianán neamhreasaithe. Sprinkle pistachios mionghearrtha ar a bharr; brúigh síos go héadrom.

c) Bácáil ag 375ø ar feadh thart ar 5 nóiméad nó go dtí go dtosaíonn na himill ag donn.

d) Bain go racaí sreang chun fuarú.

Fianáin Cáis

42. Fianáin appetizer cáise

Toradh: 1 Chuid

Comhábhair

- 4 unsa (1 cupán) mionghearrtha cáis cheddar géar.
- ½ cupán maonáis nó im softened
- 1 cupán plúr uilechuspóireach
- ½ teaspoon Salann
- 1 Fleasc Piobar dearg meilte

Treoracha

a) Plúr spúnóg go héadrom isteach i gcupán tomhais; cothromaigh.

b) I mias measartha, meascán cáis, margairín, plúr, salann, agus piobar dearg. Measc go maith agus Clúdaigh agus fuaraigh ar feadh 1 uair an chloig.

c) Cruth an taos i liathróidí 1 orlach.

d) Cuir 2 orlach óna chéile ar ghreille gan ruaimniú. Leáigh le stáin forc nó úsáid dromchla tairgeoir feola tumtha i plúr.

e) Más mian leat, splancscáileán go héadrom le paprika.

f) Grill ar feadh 10 go 12 nóiméad

43.   Fianáin sliseanna Seacláide

Seirbheálacha: 12 fianáin

Comhábhair:

- ½ cupán im
- ⅓ cupán cáis uachtair
- 1 ubh buailte
- 1 teaspoon sliocht vanilla
- ⅓ cupán erythritol
- ½ cupán plúr cnó cócó
- ⅓ cupán sliseanna seacláide saor ó shiúcra

Treoracha:

a) Preheat an friochtán aer go 350°F. Líne an ciseán friochta aeir le páipéar pár agus cuir na fianáin taobh istigh

b) I mbabhla measc im agus cáis uachtair. Cuir erythritol agus sliocht fanaile leis agus fuip suas go dtí go clúmhach. Cuir an ubh agus buille go dtí go ionchorprú. Measc i plúr cnó cócó agus sceallóga seacláide. Lig don taos scíth a ligean ar feadh 10 nóiméad.

c) Scoop amach thart ar 1 tablespoon taos agus foirm na fianáin.

d) Cuir fianáin sa chiseán fryer aer agus cócaireacht ar feadh 6 nóiméad.

44. Fianáin cáis uachtair aibreog

Toradh: 4 Freastal

Comhábhair
- 1½ cupán margairín
- 1½ cupán Siúcra
- 8 unsa cáis uachtair Philadelphia
- 2 Ubh
- 2 spúnóg bhoird sú líomóide
- 1½ teaspoon Lemon zest
- 4½ cupán Plúr
- 1½ teaspoon púdar bácála
- líonadh aibreog
- Siúcra, milseogra
- 11 unsa Apricots, triomaithe
- ½ cupán Siúcra

Treoracha

a) Comhcheangail margairín, siúcra agus cáis uachtair bogtha a mheascadh go dtí go maith

b) chumasc. Cumaisc i uibheacha, sú líomóide agus rind. Cuir Comhábhair thirim le chéile leis an meascán cáis uachtair agus measc go maith agus fuaraigh. Rollaigh i liathróid mheánmhéide. Cuir ar bhileog fianán unreased. Leáigh beagán, lár an fhleasc, cuir líonadh aibreog i lár. Bácáil 350 céim ar feadh 15 nóiméad. Cool beagán agus sprinkle siúcra púdraithe ar a bharr.

c) **Líonadh:** Cuir 1 pkg. (11 unsa.) aibreoga i sáspan agus cuir uisce díreach chlúdach. Cuir ½ cupán (nó chun blas) siúcra leis agus tabhair chun boil.

d) Clúdaigh agus suanbhruith ar feadh 10 nóiméad nó go dtí go bhfuil aibreoga bog agus go bhfuil an chuid is mó den uisce absorbed. Fórsa trí criathar nó guairneáil i cumascóir. Déanann 2 cupáin.

45. Fianáin im peanut cáis

Toradh: 12 riar

Comhábhair
- ½ cupán Im Pís talún
- 1 cupán Sharp mionghearrtha nó Éadrom
- Cáis Cheddar
- ⅔ cupán Im, Softened
- 1½ cupán Plúr Uilechuspóra Neamhthuartha
- ½ teaspoon Salann

Treoracha

a) I mbabhla meánach, cuir an t-im peanut, cáis, im, plúr agus salann le chéile. Measc go maith. Clúdaigh agus fuaraigh ar feadh 1 uair an chloig.

b) Teas an oigheann go 375 Céim F. Cuir CTA an taos 2 orlach óna chéile ar bhileog fianán agus bácáil ar feadh 10 go 12 nóiméad nó go dtí go donn órga.

46. Fianáin cáis teachín

Toradh: 6 Freastal

Comhábhair
- ½ cupán Im nó ionadach im
- 1½ cupán Plúr
- 2 taespúnóg púdar bácála
- ½ cupán cáis teachín
- ½ cupán Siúcra
- ½ teaspoon Salann

Treoracha

a) Uachtar im agus cáis go dtí go cumasc go maith. Sift plúr, tomhas, agus sift le siúcra, púdar bácála, agus salann. Cuir de réir a chéile leis an gcéad mheascán. Foirm isteach i builín. Chill thar oíche. Slice tanaí.

b) Cuir ar bhileog bácála beagán oiled. Bácáil in oigheann measartha (400 F) 10 nóiméad, nó go dtí go donn íogair.

47. Fianáin mhin choirce cáis teachín

Toradh: 1 Freastal

Comhábhair
- 1 cupán Plúr
- 1 teaspoon Salann
- ½ teaspoon sóid aráin
- 1 teaspoon Cinnamon
- 1½ cupán Siúcra
- ½ cupán Molás
- 1 Ubh buailte
- 1 teaspoon craiceann líomóid
- 1 spúnóg bhoird sú líomóide
- ¾ cupán Giorrú leáite
- ½ cupán cáis teachín uachtair
- 3 chupán Coirce rollta cócaireachta tapa

Treoracha

a) Sift le chéile plúr, salann, sóid aráin agus cainéal. Measc na cúig Comhábhair seo chugainn, ansin cuir an meascán plúr sifted, giorrú, agus cáis teachín.

b) Cumaisc i coirce rollta. Buail le teaspoonfuls ar bhileog fianán greased agus bácáil ag 350-375 go dtí go bhfuil sé déanta. Déanann sé 4 dhosaen fianáin.

48. Cáis uachtar agus fianáin glóthach

Toradh: 36 Fianáin

Comhábhair

- ¾ cupán Margairín, bogtha
- 8 unsa Pkg. cáis uachtair laghdaithe=saill, bogtha
- 2½ teaspoon milseoir
- 2 chupán plúr uilechuspóireach
- ¼ teaspoon Salann
- ¼ cupán Silíní dubh NÓ torthaí inleata sú craobh gan síolta

Treoracha

a) Buille margairín, cáis uachtair, agus Beart Comhionann i mbabhla meánach go dtí go clúmhach; meascán i plúr agus salann, a bheidh ina taos bog. Refrigerate, clúdaithe, go dtí go bhfuil an taos daingean, thart ar 3 uair an chloig.
b) Rollaigh an taos ar dhromchla éadrom plúr i gciorcal ⅛ orlach tiubh, gearrtha i mbabhtaí le gearrthóir 3-orlach. Cuir ¼ teaspoon torthaí inleata cruinn i lár gach babhta; babhtaí a fhilleadh ina leatha agus imill chrimp go daingean le stáin forc. Pierce bairr na fianáin le barr scian géar.
c) Fianáin bhácáil ar leatháin fianán greased i réamhthéite 350 ~ oigheann go dtí go donn éadrom, thart ar 10 nóiméad. Cool ar racaí sreang.

49.   Fianáin gearrtha cáis uachtair

Toradh: 5 riar

Comhábhair
- 1 cupán Siúcra;
- 1 cupán margairín; bogtha -=OR=-
- 1 cupán im
- 1 pacáiste (3-unsa) cáis uachtair, softened
- 1 teaspoon vanilla
- 1 Uibheacha;
- 2½ cupán Plúr uile-mholta; -=OR=-
- 2½ cupán Plúr neamhthuartha
- ¼ teaspoon Salann;
- Siúcra daite; MÁ MHAITH

Treoracha

a) I mbabhla mór, buille an siúcra, margairín, cáis uachtair go dtí go éadrom agus clúmhach. Cuir an fanaile agus an ubh leis, cumasc go maith.

b) Go héadrom spúnóg plúr isteach sa chupán tomhais, leibhéal amach. Corraigh plúr agus salann isteach margairín; mheascadh go maith. Clúdaigh le wrap plaisteach; cuisnigh 1-2 uair an chloig ghiúis láimhseáil níos éasca. Oigheann teasa 375 F.

c) Ar plúr éadrom; tiús ; cuisnigh an taos atá fágtha. Gearr taos rollta isteach i gcruthanna atá ag teastáil le gearrthóirí fianán plúr. Cuir 1" óna chéile ar bhileog fianán neamhreasaithe.

d) Fág na fianáin plain nó sprinkle iad le siúcra daite.

e) Bácáil na fianáin ag 375 céim ar feadh 7 - 10 nóiméad, nó go dtí go bhfuil na himill donn éadrom. Cool nóiméad amháin; bhaint as bileoga fianán. Sioc agus maisigh fianáin shimplí, más mian leo.

50. fianán im peanut cáis uachtair jumbo

Toradh: 12 riar

Comhábhair

- 1 Rolla na bhFianán Slice 'n' Bácáil Cuisnithe
- ¾ cupán Im Pís talún
- 4 unsa Cáis Uachtar; Softened
- 3 spúnóg Siúcra
- ⅛ teaspoon Salann
- 3 spúnóg bhoird Margairín nó Im, Bogtha
- 2 spúnóg Bainne
- 2 taespúnóg Vanilla Sliocht
- ½ cupán Píseanna talún; mionghearrtha

Treoracha

a) Teas an oigheann go 375 Céim F. Rollaigh amach an taos fianán isteach i bpanna píotsa 12-orlach. Bácáil ar feadh 12 go 13 nóiméad nó go dtí go donn órga.

b) Lig fionnuar go dtí go fuar do lámh. I mbabhla beag, le chéile an t-im peanut, cáis uachtair, siúcra, salann, margairín, bainne agus fanaile. Buail ar luas meánach, as meascthóir leictreach, go dtí go solas agus clúmhach. Scaip an meascán ar an bhfianán agus sprinkle leis na peanuts mionghearrtha. Gearr i dingeacha.

51. Fianáin cáise Mheicsiceo

Toradh: 24 Freastal

Comhábhair

- ½ cupán Siúcra
- ⅓ cupán margairín
- 1 cupán cáis Jack Monterey --
- Shredded
- 1 cupán plúr uilechuspóireach
- 1 teaspoon púdar bácála
- ¼ teaspoon Salann
- 1 ubh mhór -- buailte

Treoracha

a) Oigheann teasa go 375 céim. 1-Meascán siúcra agus margairín softened; corraigh cáise. Corraigh i Comhábhair atá fágtha ach amháin ubh. 2-Rollaigh taos trí thaespúnóg isteach i mbataí, thart ar 3½ faoi ½ orlach. Cuir ar bhileog fianán greased éadrom. Brúigh maidí go héadrom chun flatten. Scuab le ubh buailte.

b) 3-Bhácáil go dtí go donn éadrom timpeall imill amháin, 8-10 nóiméad. Bain as an leathán láithreach agus fuaraigh ar racaí sreinge. Tá na fianáin uathúla seo brioscach.

52. Fianáin cáise uachtar oráiste

Toradh: 48 riar

Comhábhair
- ½ cupán Giorrú
- 2 Uibheacha
- 2 spúnóg bhoird oráiste grátáilte
- 2 chupán Plúr sifted
- 12 unsa Sceallóga Seacláide
- 1 cupán Siúcra
- 8 unsa Cáis uachtar
- 2 taespúnóg Vanilla
- 1 teaspoon Salann

Treoracha

a) giorrú uachtar, siúcra agus uibheacha le chéile; cuir cáis uachtair, rind oráiste agus vanilla. De réir a chéile cuir plúr a bhfuil salann curtha leis; mheascadh go maith.
b) Measc i sliseanna seacláide. Buail ó thaespúnóg ar leathán fianán neamhleasaithe.
c) Bácáil in oigheann 350 céim thart ar 10 go 12 nóiméad.

53. Fianáin úll-cáis luibhe

Toradh: 1 Freastal

Comhábhair
- ¾ cupán plúr uilefheidhme
- ¾ cupán Plúr cruithneachta uile
- 1 cupán Cheddar géar, grátáilte
- 4 spúnóg bhoird Giorrú blas im
- 1 Ubh
- ½ cupán buttermilk
- 2 Úlla, scafa, croíthe, agus mionghearrtha
- 1 teaspoon peirsil úr, mionghearrtha

Treoracha

a) Preheat oigheann go 400øF. Comhcheangail plúir agus cáis, agus gearrtha i giorrú. Buille an ubh le bláthach, agus doirt isteach i meascán plúr.

b) Cuir úlla agus peirsil leis an meascán plúr fliuch, agus corraigh go dtí go foirmeacha taos bog. Buail leis an spúnóg bhoird ar leathán fianán unreased, agus bácáil 15 go 20 nóiméad.

54. Fianáin cáis ricotta

Toradh: 5-8 Freastal

Comhábhair
- ½ punt Margairín
- 2 Uibheacha
- 1 punt cáis ricotta
- 2 chupán Siúcra
- 1 teaspoon púdar bácála
- 1 teaspoon sóid aráin
- 4 cupán Plúr
- 2 taespúnóg Vanilla nó líomóid sliocht
- ¼ teaspoon Nutmeg

Treoracha

a) Uachtar im agus siúcra agus ansin cuir sliocht. Cuir ubh leis, ceann ag an am, ag bualadh go maith tar éis gach suimiú. Cuir cáis agus buille 1 min.
b) Cuir Comhábhair tirim go mall. Buail le taespúnóg ar bhileog fianán unreased. Bácáil ag 350° ar feadh 12-15 nóiméad.
c) Cas amach ar raca le fuarú agus sprinkle le siúcra púdraithe más mian leat.

55. Fianáin cáis choco-uachtar chewy

Toradh: 48 Freastal

Comhábhair

- 8 unsa Cáis uachtar éadrom
- ½ cupán margairín
- 1 Ubh
- 1½ cupán Siúcra
- 300 gram sliseanna Seacláid; roinnte
- 2¼ cupán Plúr
- 1½ teaspoon sóid aráin
- ½ cupán Gallchnónna mionghearrtha

Treoracha

a) Buille cáis uachtair le im, ubh agus siúcra go dtí go éadrom agus clúmhach. Leáigh 1 cupán de na sliseanna seacláide.
b) Corraigh isteach i fuidrimh. Corraigh i plúr, sóid aráin agus gallchnónna mar aon leis na sliseanna seacláide atá fágtha. Buail ó spúnóg bhoird ar leathán fianán neamhleasaithe.
c) Bácáil ag 350 céim ar feadh 10-12 nóiméad nó go dtí go daingean timpeall imill. Bain as bileoga fianán agus fionnuar.

Fianáin GINGER

56.   Gingersnaps Mamó

Comhábhair

- 3/4 cupán margairín
- 1 cupán siúcra bán
- 1 ubh
- 1/4 cupán molás
- 2 chupán plúr uilefheidhme
- 1 tablespoon ginger talamh
- 1teaspoon cainéal talún
- 2 teaspoon sóid aráin
- 1/2 teaspoon salann
- 1/2 cupán siúcra bán le haghaidh maisiúcháin

Treoracha

a) Preheat oigheann go 350°F (175°C).

b) I mbabhla meánach, uachtar le chéile an margairín agus 1 cupán siúcra bán go dtí go réidh. Buille san ubh agus molás go dtí go cumasc go maith. Comhcheangail an plúr, ginger, cainéal, sóid aráin agus salann; corraigh isteach sa mheascán molás chun taos a dhéanamh. Rollaigh taos isteach i liathróidí 1-orlach agus rollaigh na liathróidí sa siúcra atá fágtha. Cuir na fianáin 2 orlach óna chéile ar leatháin fianán neamhleasaithe.

c) Bácáil ar feadh 8 go 10 nóiméad san oigheann réamhthéite. Lig do na fianáin fuarú ar leathán bácála ar feadh 5 nóiméad sula mbaintear iad chuig raca sreinge chun fuarú go hiomlán.

57. Buachaillí Gingerbread

Comhábhair

- 1 cupán im, softened
- 1 1/2 cupán siúcra bán
- 1 ubh
- 11/2 spúnóg bhoird oráiste zest
- 2 spúnóg bhoird síoróip arbhar dorcha
- 3 chupán plúr uilechríche
- 2 taespúnóg sóid aráin
- 2 taespúnóg cainéal talún
- 1 teaspoon ginger talamh
- 1/2 teaspoon clóibh talún
- 1/2 teaspoon salann

Treoracha

a) Uachtar an t-im agus an siúcra le chéile. Cuir an ubh leis agus measc go maith. Measc an craiceann oráiste agus síoróip arbhar dorcha. Cuir an plúr, sóid aráin, cainéal, sinséar, clóibh meilte agus salann leis, ag meascadh go dtí go mbeidh siad comhcheangailte go maith. Chill taos ar a laghad 2 uair an chloig.

b) Preheat an oigheann go 375°F (190°C). Bileoga fianán ramhar. Ar dhromchla éadrom plúr, rollaigh an taos go 1/4 orlach tiubh. Gearr isteach cruthanna inmhianaithe ag baint úsáide as gearrthóirí fianán. Cuir fianáin 1-orlach óna chéile ar na bileoga fianán ullmhaithe.

c) Bácáil ar feadh 10 go 12 nóiméad san oigheann réamhthéite, go dtí go bhfuil na fianáin daingean agus go héadrom tósta ar na himill.

58.   Liathróidí Ruma Seacláide

Comhábhair

- 3 1/4 cupán sliseog fanaile brúite
- 3/4 cupán siúcra milseogra
- 1/4 cupán púdar cócó neamh-mhilsithe
- 1 1/2 cupán gallchnónna mionghearrtha
- 3 spúnóg bhoird síoróip arbhar éadrom
- 1/2 cupán rum

Treoracha

a) I mbabhla mór, corraigh le chéile na sliseog fanaile brúite, 3/4 cupán siúcra milseogra, cócó, agus cnónna. Measc i síoróip arbhair agus rum.

b) Cruth i liathróidí 1-orlach, agus rolladh i siúcra milseogra breise. Stóráil i gcoimeádán aerdhíonach ar feadh roinnt laethanta chun an blas a fhorbairt. Rollaigh arís i siúcra milseogra sula ndéantar é.

59. Fianáin molás Sinséar

Toradh: 72 Freastal

Comhábhair

- 2½ cupán Plúr
- 2 taespúnóg Sinséar talún
- 1 teaspoon Cinnamon
- 2 taespúnóg sóid aráin
- ½ teaspoon Salann
- 12 spúnóg bhoird im gan salann
- 1 cupán siúcra donn
- 1 Ubh
- ⅓ Molás cupán
- Siúcra le haghaidh rollta

Treoracha

a) Comhcheangail plúr, spíosraí, sóid, agus salann. Le meascthóir leictreach ar luas meánach íseal, buille im agus siúcra, go dtí go solas agus clúmhach. Buille i ubh agus molás. Laghdaigh an luas go híseal, agus cuir an meascán plúir de réir a chéile go dtí go mbeidh sé measctha. Chill go dtí go daingean, thart ar 1 uair an chloig. Oigheann teasa go 350 ~.

b) Cruth an taos i thart ar 1" liathróidí, rollaigh i siúcra, agus cuir thart ar 2" óna chéile ar bhileog bácála. Bácáil go dtí go dtosaíonn na himill ag donn, thart ar 15 min. Cool ar bhileog bácála 2 min, ansin bogadh chuig racaí sreang.

60.   Fianáin Nollag ginger chewy

Toradh: 1 Freastal

Comhábhair

- 2 chupán Siúcra
- Molás 1 cupán
- 1 cupán Crisco
- 2 Uibheacha
- 2 taespúnóg Soda
- 4 cupán Plúr
- 2 taespúnóg Sinséar
- 2 taespúnóg cainéil
- 1 teaspoon Clóibh
- ½ teaspoon Salann

Treoracha

a) Measc go maith de láimh agus cuir: Measc go léir le chéile (de láimh - ní meascthóir).

b) Rollaigh isteach i liathróidí ar mhéid gallchnó beag, ansin rollaigh isteach i siúcra daite dearg agus glas. Bácáil ag 350 céim ar feadh thart ar 9 nóiméad. Ní bheidh cuma mhaith ar na fianáin, ach gan iad a bhácáil go dtí go ndéanann siad go crua iad. Beidh na fianáin doirteal síos agus beidh scoilteanna iontu.

61. Íosluchtaigh fianáin ginger

Toradh: 1 Freastal

Comhábhair

- 1 cupán Siúcra
- Molás 1 cupán
- 1 cupán Giorrú
- 3 Uibheacha
- 1 cupán Uisce; te
- 1 tablespoon sóid aráin
- 1 spúnóg bhoird Sinséar
- 1 teaspoon Salann
- 5 cupán Plúr

Treoracha

a) Uachtar a ghiorrú agus siúcra. Cuir uibheacha, buille go maith. Cuir molás, ginger agus salann leis. Buille arís. Cuir sóid le huisce te. Corraigh go maith.

b) Cuir leis an meascán thuas. Cuir plúr agus scaoil trí spúnóg ar phanna greased.

c) Bácáil in oigheann measartha.

62. Fianáin líomóid ginger

Toradh: 36 riar

Comhábhair

- ¼ punt Im gan salann
- ¾ cupán Siúcra; móide
- 2 spúnóg Siúcra --- móide níos mó
- Le haghaidh sprinkling
- 1 ubh mhór
- 1 spúnóg bhoird de zest líomóide grátáilte
- 1⅓ cupán plúr uilechuspóireach
- ½ teaspoon Sinséar talún
- ½ teaspoon sóid aráin
- ¼ teaspoon Salann
- ¼ cupán Sinséar criostalaithe i ndísle 1/8".

Treoracha

a) Oigheann teasa go 350 céim. Líne 2 bileoga bácála le pár; curtha i leataobh.

b) I measctóir leictreach, bain úsáid as paddle chun im agus siúcra a mheascadh ar luas meánach go dtí go mbeidh sé éadrom agus clúmhach ar feadh thart ar 5 nóiméad, ag scríobadh síos taobhanna an bhabhla faoi dhó. Cuir ubh; mheascadh ar luas ard a chur le chéile.

c) Cuir zest; meascán a chur le chéile. I mbabhla, whisk le chéile plúr, ginger meilte, sóid aráin, salann agus ginger criostalaithe, a chur leis an meascán im; mheascadh ar mheán-íseal luas a chur le chéile, thart ar 20 soicind. Ag baint úsáide as dhá spúnóg, scaoil thart ar 2 thaespúnóg de fuidrimh ar bhileog bácála; arís, spásáil iad 2 orlach óna chéile.

d) Bácáil ar feadh 7 nóiméad. Déanann 3 dosaen.

63.   fianáin ginger saill íseal

Toradh: 1 Freastal

Comhábhair
- 1 cupán Siúcra donn pacáilte
- ¼ cupán úlla
- ¼ cupán Molás
- 1 ubh mhór
- 2¼ cupán Plúr
- 3 taespúnóg Sinséar talún
- 1½ teaspoon Cinnamon
- ¼ teaspoon Clóibh talún
- 1 teaspoon sóid aráin
- ¼ cupán Siúcra bán

Treoracha

a) Buail an siúcra donn, an t-úll-sauce, an molás agus an ubh le chéile i mbabhla mór go dtí go réidh. I mbabhla eile le chéile na Comhábhair atá fágtha (seachas an siúcra bán) agus corraigh isteach sa mheascán fliuch. Clúdaigh agus cuisnigh ar a laghad 2 uair an chloig nó thar oíche.

b) Preheat oigheann go 350 céim. Déan an taos ina liathróidí beaga gallchnónna, rollaigh i siúcra bán agus cuir 2 orlach óna chéile ar bhileog fianán greased.

c) Bácáil ar feadh 10-15 nóiméad.

d) Bain agus fuaraigh ar raca.

64. Fianáin pumpkin agus ginger úr

Toradh: 2 Dhosaen

Comhábhair
- 1¼ cupán Siúcra donn éadrom pacáilte
- 1 cupán puree pumpkin
- 1 ubh mhór
- 2 spúnóg bhoird fréimhe ginger úr grátáilte
- 2 spúnóg bhoird uachtar géar
- 1 teaspoon vanilla
- ½ cupán im neamhshaillte bogtha
- 2¼ cupán Plúr
- 1 teaspoon sóid aráin
- 1 teaspoon púdar bácála
- ½ teaspoon Salann
- ½ teaspoon Cinnamon
- 1 cupán gallchnónna mionghearrtha
- 1 cupán Cuiríní nó rísíní mionghearrtha

Treoracha

a) Preheat oigheann go 350 agus go héadrom ramhar bileoga fianán. Comhcheangail siúcra, pumpkin, ubh, ginger, uachtar géar agus vanilla i bpróiseálaí bia.

b) Próiseáil puree mín. Cuir an t-im leis agus próiseáil 8 soicind eile.

c) Measc an plúr sóid bácála, púdar bácála, salann, agus cainéal. Corraigh na Comhábhair thirim isteach sa leacht i 2 chéim díreach go dtí go mbeidh siad cumasc.

65.   Fianáin ginger bog

Toradh: 1 riar

Comhábhair
- 12 cupán Plúr
- 4 cupán Molás
- 2 chupán Giorrú
- 2 chupán Bainne; géar
- 2 taespúnóg sóid aráin
- 2 spúnóg bhoird Sinséar
- 2 spúnóg bhoird Cainéil
- 1 teaspoon Salann
- 2 Uibheacha; buailte

Treoracha

a) Sift plúr i bpanna, foirm tobar i lár. Cuir giorrú, molás.
b) bainne géar ina bhfuil sóid tuaslagtha. Cuir spíosraí, salann agus ubh.
c) Measc go tapa go taos bog mín. Bácáil in oigheann measartha.

66. Aisling milis fianáin ginger

Toradh: 72 Freastal

Comhábhair
- 2 Bataí margairín; bogtha
- 1½ cupán Siúcra donn éadrom; pacáilte go daingean
- 2 Uibheacha
- 2½ cupán plúr uilefheidhme
- 1 teaspoon sóid aráin
- ½ teaspoon Salann
- 1 teaspoon Cinnamon
- 1 teaspoon ginger Ground
- 1 cupán Pecans mionghearrtha
- 12 unsa braoiníní fanaile
- 1 teaspoon sliocht fanaile

Treoracha

a) Uachtar le chéile margairín, siúcra donn agus uibheacha. Measc le chéile ansin cuir plúr, sóid aráin, salann, cainéal agus sinséar. Fill i pecans, sliseanna fanaile, agus fanaile.
b) Foirm i liathróidí orlach. Rollaigh na liathróidí i siúcra milseogra.
c) Bácáil 8-10 nóiméad ag 375 céim.

Fianáin Titilte

67. Titeann mónóg oráiste

Comhábhair

- 1/2 cupán siúcra donn pacáilte
- 1/4 cupán im, bogtha
- 1 ubh
- 3 spúnóg bhoird sú oráiste
- 1/2 teaspoon sliocht oráiste
- 1 teaspoon zest oráiste grátáilte
- 1 1/2 cupán plúr uilechuspóireach
- 1/2 teaspoon púdar bácála
- 1/4 teaspoon sóid aráin
- 1/4 teaspoon salann
- 1 cupán cranberries triomaithe

Treoracha

a) Réamhthéamh an oigheann go 375°F(190°C). Leatháin fianán ramhar go héadrom, nó líne le páipéar pár.

b) I mbabhla meánach, uachtar le chéile an siúcra bán, siúcra donn, agus im. Corraigh isteach an ubh, sú oráiste, sliocht oráiste, agus zest oráiste. Scag le chéile an plúr, an púdar bácála, an tsóid aráin agus an salann; mheascadh isteach sa mheascán oráiste. Corraigh na cranberries triomaithe. Buail an taos fianán trí thaespúnóg a chur le chéile, 2 orlach óna chéile, ar na bileoga fianán ullmhaithe.

c) Bácáil ar feadh 10 go 12 nóiméad, nó go dtí go bhfuil imill ag tosú donn. Fuaraigh ar leatháin bácála ar feadh 5 nóiméad, ansin bain chuig raca sreinge chun fuarú go hiomlán.

68. Titeann pluma siúcra

Comhábhair

- 1/2 cupán im, bogtha
- 1/2 cupán ghiorrú
- 11/2 cupán siúcra bán
- 2 ubh
- 2 taespúnóg sliocht fanaile
- 2 3/4 cupán plúr uilechóire
- 2 taespúnóg uachtar de tartar
- 1 teaspoon sóid aráin
- 1/4 teaspoon salann
- 2 spúnóg siúcra bán
- 2 taespúnóg cainéal talún

Treoracha

a) Réamhthéamh an oigheann go 400°F (200°C).

b) Uachtar le chéile im, giorrú, 1 1/2 cupán siúcra, na huibheacha agus an fanaile. Measc an plúr, uachtar tartar, sóid agus salann. Cruth an taos trí spúnóga chothromaithe ina liathróidí.

c) Measc an 2 spúnóg siúcra agus an cainéal. Rollaigh liathróidí taos i meascán. Cuir 2 orlach óna chéile ar leatháin bácála neamhreasaithe.

d) Bácáil 8 go 10 nóiméad, nó go dtí go bhfuil sé socraithe ach gan a bheith ró-chrua. Bain láithreach ó na bileoga bácála.

69. Fianáin Saoire Corrán Víneach

Comhábhair

- 2 chupán plúr uilechuspóireach
- 1 cupán im
- 1 cupán cnónna coill, talamh
- 1/2 cupán siúcra milseogra sifted
- 1/8 teaspoon salann
- 1 teaspoon sliocht vanilla
- 2 chupán sifted siúcra milseogra
- 1 pónaire fanaile

Treoracha

a) Déan an oigheann a théamh go 375°F (190°C).

b) I mbabhla meascadh mór, le chéile plúr, im, cnónna, 1/2 cupán siúcra milseogra, salann, agus fanaile. Measc láimhe go dtí go cumasc go maith. Cruth taos ina liathróid. Clúdaigh agus cuisnigh ar feadh 1 uair an chloig.

c) Idir an dá linn, cuir siúcra i mbabhla nó i gcoimeádán beag. Le scian géar an chócaire, scoilt an pónaire fanaile ar a fhad. Scrape amach síolta, agus iad a mheascadh isteach sa siúcra. Gearr an pod i bpíosaí 2-orlach agus measc isteach i siúcra.

d) Bain taos as cuisneoir agus foirm i liathróidí 1-orlach. Rollaigh gach liathróid i rolla beag, 3 orlach ar fad. Buail 2 orlach óna chéile ar leathán fianán neamhleasaithe, agus lúb gach ceann acu chun cruth corráin a dhéanamh.

e) Bácáil 10 go 12 nóiméad san oigheann réamhthéite, nó go dtí go bhfuil sé socraithe ach gan a bheith donn.

f) Lig seasamh 1 nóiméad, ansin bain as bileoga fianán. Cuir fianáin te ar leathán mór scragall alúmanaim. Sprinkle le meascán siúcra ullmhaithe. Cas go réidh chun cóta ar an dá thaobh. Fuaraigh go hiomlán agus stóráil i gcoimeádán aerdhíonach ag teocht an tseomra. Díreach roimh a sheirbheáil, cóta le níos mó siúcra fanaile blas.

70. Titeann mónóg Hootycreeks

Comhábhair

- 5/8 cupán plúr uilechuspóireach
- 1/2 cupán coirce rollta
- 1/2 cupán plúr uilechuspóireach
- 1/2 teaspoon sóid aráin
- 1/2 teaspoon salann
- 1/3 cupán siúcra donn pacáilte
- 1/3 cupán siúcra bán
- 1/2 cupán cranberries triomaithe
- 1/2 cupán sliseanna seacláide bán
- 1/2 cupán pecans mionghearrtha

Treoracha

a) Ciseal na Comhábhair i próca 1 quart nó 1-lítear, san ord atá liostaithe.

b) 1.Téigh an t-oigheann go 350°F (175°C). Grease bileog fianán nó líne le páipéar pár.

c) 2.I mbabhla meánach, buail le chéile 1/2 cupán im softened, 1 ubh agus 1 teaspoon fanaile go dtí go clúmhach. Cuir an próca ar fad Comhábhair, agus meascadh le chéile de láimh go dtí go chumasc go maith. Buail trí spúnóga a charnadh ar na bileoga bácála ullmhaithe.

d) 3.Bácáil ar feadh 8 go 10 nóiméad, nó go dtí go dtosaíonn na himill ag donn. Fuaraigh ar leatháin bácála, nó bain iad chun fuarú ar racaí sreang.

71. Fianáin titim Apple-raisin

Toradh: 1 Freastal

Comhábhair

- 1 phacáiste Pillsbury Moist Meascán Císte Buí Uachtarach
- 1 teaspoon Cinnamon
- ½ teaspoon Nutmeg
- ½ cupán uachtar géar
- 2 Uibheacha
- 1 cupán Apple; Gearrtha go garbh
- ½ cupán rísíní
- 2 spúnóg bhoird Siúcra Púdraithe
- 4 dhosaen fianáin.

Treoracha

a) Teas an oigheann go 350F. Bileoga fianán ramhar. I mbabhla mór, le chéile meascán císte, cainéal, nutmeg, uachtar géar agus uibheacha; chumasc go maith.

b) Corraigh i úll agus rísíní. Buail an taos trí thaespúnóg a chur 1 orlach óna chéile ar leatháin fianán greased. 2.

c) Bácáil 10 go 14 nóiméad nó go dtí go bhfuil na himill donn órga.

d) Láithreach a bhaint as bileoga fianán. Cool 5 nóiméad nó go dtí go fuaraithe go hiomlán. Sprinkle le siúcra púdraithe, más inmhianaithe.

72. Fianáin Blueberry titim

Toradh: 30 Freastal

Comhábhair

- 2 chupán Plúr sifted
- 2 taespúnóg púdar bácála
- ¼ teaspoon Salann
- ¾ cupán Giorrú
- 1 cupán Siúcra
- 2 Uibheacha
- 1½ teaspoon rind líomóide grátáilte
- ½ cupán Bainne
- 1 cupán Blueberries úra

Treoracha

a) Sift le chéile plúr, púdar bácála agus salann. Uachtar a ghiorrú go dtí go bog agus buille de réir a chéile i siúcra. Cuir uibheacha agus rind líomóide agus buille go dtí go measctha go maith. Cuir meascán plúir le bainne gach re seach, buille go dtí go réidh tar éis gach breise.

b) Héadrom huaire i blueberries. Buail le taespúnóg ar leathán fianán greased. Bácáil ag 375 ar feadh 10-12 nóiméad.

73. Fianáin titim silíní

Toradh: 48 riar

Comhábhair

- 1 pacáiste Cherry Supreme Deluxe Císte
- ½ cupán Ola cócaireachta
- 2 spúnóg uisce
- 2 Uibheacha
- Is beag braon dathú bia dearg
- 1 cupán Cnónna mionghearrtha
- Ceathrú maraschino silíní

Treoracha

a) Preheat oigheann go 350 céim. Déan meascán císte, ola, uisce, uibheacha agus dathú bia a chumasc. Corraigh i cnónna. Buail ó thaespúnóg ar leathán fianán neamhleasaithe. Barr gach fianán le ceathrú maraschino silíní.

b) Bácáil ar feadh 10-12 nóiméad. Fuarú ar bhileog fianán ar feadh thart ar 1 nóiméad, ansin a raca a chríochnú fuaraithe.

74.   Fianáin titim cócó

Toradh: 5 dosaen

Comhábhair

- ½ cupán Giorrú
- 1 cupán Siúcra
- 1 Ubh
- ¾ cupán bláthach
- 1 teaspoon sliocht fanaile
- 1¾ cupán Plúr, uilefheidhm
- ½ teaspoon Soda
- ½ teaspoon Salann
- ½ cupán cócó
- 1 cupán Pecans; mionghearrtha (nó gallchnónna)

Treoracha

a) Giorrú uachtar; cuir siúcra de réir a chéile, beating go dtí éadrom agus clúmhach. Cuir ubh, beating go maith. Corraigh i bláthach agus sliocht vanilla.

b) Comhcheangail plúr, sóid, salann, agus cócó; a chur le meascán creamed, beating go maith. Corraigh i pecans. Chill taos 1 uair an chloig.

c) Buail an taos trí thaespúnóg, 2 orlach óna chéile, ar leatháin fianán greased.

d) Bácáil ag 400 céim ar feadh 8 go 10 nóiméad.

75. Dáta líonta fianáin anuas

Toradh: 30 fianáin

Comhábhair

- 4 chupán Meascán fianán bunúsach
- ¼ teaspoon Cinnamon
- 2 Uibheacha, buailte
- 1 cupán Dátaí mionghearrtha
- 3 spúnóg Siúcra
- 1 teaspoon vanilla
- ¼ cupán Uisce nó bláthach
- Leathanna gallchnó
- 3 spúnóg uisce
- ¼ cupán Cnónna mionghearrtha

Treoracha

a) I sáspan beag le chéile dátaí, siúcra agus uisce. Cook thar teas mheán thart ar 5 go 10 nóiméad, corraigh go dtí tiubh. Bain as teas.

b) Cool beagán. Corraigh i cnónna miongheartha. Cuir ar leataobh le fuarú. Preheat oigheann go 375. Bileoga bácála ramhar héadrom. I mbabhla mór, le chéile meascán fianán, cainéal, uibheacha, fanaile agus uisce nó bláthach. Cumaisc go maith. Buail le tsp ar bhileoga bácála ullmhaithe.

c) spúnóg $\frac{1}{2}$ tsp dáta a líonadh ar bharr gach fianán, taos dubhach beagán. Clúdaigh gach ceann acu le tsp taos eile. Barr le leath gallchnó. Bácáil 10 go 12 nóiméad.

76.   Fianáin titim bia Diabhal

Toradh: 6 riar

Comhábhair

- 1 cupán siúcra donn
- ½ cupán Im, bogtha
- 1 teaspoon vanilla
- 2 unsa (2 chearnóg) seacláide neamh-mhilsithe
- 1 Ubh
- 2 chupán Plúr
- ½ teaspoon sóid aráin
- ½ teaspoon Salann
- ¾ cupán Uachtar géar
- ½ cupán Gallchnónna mionghearrtha

Mocha sioc:

- 1½ cupán Siúcra púdraithe
- 2 spúnóg bhoird cócó neamh-mhilsithe
- ¼ cupán Im, bogtha
- 1 go 2 tsp. gráinníní caife toirt
- 1½ teaspoon Vanilla
- 2 go 3 tbsp. bainne

Treoracha

Fianáin:

a) Oigheann teasa go 350 céim. Bileoga fianán ramhar. I mbabhla mór, buail an siúcra donn agus ½ cupán im go dtí go mbeidh sé éadrom agus clúmhach. Cuir 1 tsp leis. vanilla, seacláid agus ubh; chumasc go maith.

b) Plúr spúnóg go héadrom isteach i gcupán tomhais; cothromaigh. I mbabhla beag, le chéile plúr, sóid aráin agus salann. Cuir Comhábhair thirim agus uachtar géar le meascán seacláide; mheascadh go maith.

c) Corraigh i gallchnónna. Buail trí thaespúnóg 2" a charnadh óna chéile ar leatháin fianán greased. Bácáil ag 350 ar feadh 10 go 14 nóiméad nó go dtí go mbeidh siad socraithe.

d) Cool 1 nóiméad; bhaint as bileoga fianán. Cool go hiomlán.

sioc:

e) I mbabhla beag, le chéile na Comhábhair frosting go léir, ag cur go leor bainne le haghaidh comhsheasmhacht leathadh atá ag teastáil; chumasc go dtí go réidh. Scaip ar fianáin fuaraithe. Ceadaigh frosting a shocrú roimh é a stóráil.

77.   Fianáin titim cnó Hickory

Toradh: 1 riar

Comhábhair

- 2 chupán Siúcra
- 1 cupán Giorrú; buille go maith
- 2 Uibheacha
- 1 cupán Bainne; géar nó 1 cupán bláthach
- 4 cupán Plúr
- 1 teaspoon sóid aráin
- 1 teaspoon púdar bácála
- 1 cupán cnónna; mionghearrtha
- 1 cupán rísíní; mionghearrtha

Treoracha

a) Sift soda agus púdar bácála isteach le plúr.

b) Comhcheangail Comhábhair atá fágtha, mheascadh go maith.

c) Buail le teaspoonfuls ar bhileog fianán.

d) Bácáil in oigheann measartha 375 F..

78. Fianáin titim anann

Toradh: 1 riar

Comhábhair

- ¼ cupán Im
- ¾ cupán Siúcra
- 1 an ceann Uibheacha
- ¼ cupán Anann; draenáilte agus brúite
- 1¼ cupán Plúr; sifted
- Salann; pinch
- ¼ teaspoon sóid aráin
- ½ teaspoon púdar bácála
- ¼ cupán Feoil cnó

Treoracha

a) Uachtar im, siúcra, cuir Comhábhair atá fágtha. Measc go maith, scaoil ½ teaspoon ar bhileog fianán.

b) Bácáil san oigheann ag 375 F.

79. Fianáin titim anann raisin

Toradh: 36 riar

Comhábhair

- ½ cupán im
- ½ teaspoon vanilla
- 1 cupán Siúcra Donn, pacáilte
- 1 Ubh
- ½ cupán rísíní
- ¾ cupán Anann brúite, draenáilte
- 2½ cupán Plúr
- 1 teaspoon Púdar Bácála
- 1 teaspoon Sóid aráin
- ½ teaspoon Salann

Treoracha

a) Uachtar im, fanaile agus siúcra go dtí go éadrom agus clúmhach. Cuir ubh agus uachtar go maith. Corraigh i rísíní agus anann. Sift tirim Comhábhair le chéile. Cuir de réir a chéile leis an meascán uachtar. Corraigh go dtí go chumasc go maith.

b) Buail le taespúnóg ar leatháin fianán greased. Bácáil 12-15 nóiméad in Oighinn 375 °F réamhthéite.

80.   Zucchini fianáin titim

Toradh: 36 Freastal

Comhábhair

- 1 cupán zucchini grátáilte
- 1 teaspoon sóid aráin
- 1 cupán Siúcra
- ½ cupán Giorrú nó im
- 1 Uibheacha; buailte
- 2 chupán Plúr
- 1 teaspoon Cinnamon
- ½ teaspoon Clóibh talún
- ½ teaspoon Salann
- 1 cupán Cnónna mionghearrtha
- 1 rísíní cupán

Treoracha

a) Measc le chéile zucchini, sóid, siúcra, im, agus ubh buailte. Sift i plúr, cainéal, clóibh, agus salann. Corraigh a chumasc. Corraigh i rísíní agus cnónna agus scaoil fuidrimh ag an teaspoonful ar bhileog fianán greased.

b) Bácáil in oigheann 375F réamhthéite 12-15 nóiméad. Déanann 3 dosaen.

Ceapairí COOKIE

81.   Fianáin Truffle Seacláide

Déanann thart ar 16 fianán

Comhábhair

- 8 spúnóg bhoird (1 bhata) im gan salann
- 8 unsa seacláid dorcha (64% cócó nó níos airde), mionghearrtha go garbh
- ½ cupán plúr uilefhóinteach neamhthuartha nó plúr saor ó ghlútan
- 2 spúnóg bhoird de phúdar cócó próiseáilte san Ísiltír (99% cócó)
- ¼ teaspoon salann mara fíneáil
- ¼ teaspoon sóid aráin
- 2 uibheacha móra, ag teocht an tseomra
- ½ cupán siúcra
- 2 taespúnóg sliocht fanaile
- 1 cupán sliseanna seacláide dorcha (64% cócó nó níos airde)

Treoracha:

a) Leáigh an t-im agus an seacláid dorcha i gcoire dúbailte ar theas íseal, ag corraigh uaireanta go dtí go mbeidh siad leáite go hiomlán. Cool go hiomlán.

b) Comhcheangail an plúr, púdar cócó, salann, agus sóid bácála i mbabhla beag. Curtha i leataobh.

c) Ag baint úsáide as meascthóir leictreach, buail na huibheacha agus an siúcra i mbabhla mór ar ardluais go dtí go mbeidh siad éadrom agus clúmhach, thart ar 2 nóiméad. Cuir an fanaile leis, ansin cuir an seacláid leáite agus im agus buail ar feadh 1 go 2 nóiméad, go dtí go mbeidh siad comhcheangailte.

d) Scráigh síos taobhanna an bhabhla agus, ag baint úsáide as spatula rubair mór, corraigh na Comhábhair thirim díreach go dtí go mbeidh siad corpraithe. Fill na sliseanna seacláide. Clúdaigh le wrap plaisteach agus cuisnigh ar feadh 4 uair an chloig ar a laghad.

e) Suí raca i lár an oigheann agus réamhthéigh an oigheann go 325°F. Líne bileog bácála le páipéar pár.

f) Fliuch do lámha le huisce agus rollaigh an taos isteach i liathróidí 2 orlach, iad a chur thart ar 2 orlach óna chéile ar an mbileog bácála línéadaigh. Oibrigh go tapa, agus má tá tú ag bácáil na fianáin i mbaisceanna, cuisnigh an taos atá fágtha idir na babhtaí.

g) Bácáil ar feadh 12 go 13 nóiméad, go dtí go bhfuil na h-imill ardaithe beagán agus go bhfuil an t-ionad socraithe den chuid is mó. Bain as an oigheann agus lig fuarú ar an uile ar feadh ar a laghad 10 nóiméad, ansin a aistriú chuig raca agus lig fuarú go hiomlán.

Chun Ceapairí Uachtar Reoite a Chruinniú

h) Cuir na fianáin ar bhileog uile agus reo ar feadh 1 uair an chloig. Soften 1 quart de uachtar reoite go dtí go scoopable. Is maith liom é a choinneáil simplí agus a úsáidUachtar Reoite Uachtar milis, ach is féidir leat cibé blas is mian leat a úsáid.

i) Bain na fianáin as an reoiteoir agus, ag obair go tapa, cuir 2 go 4 unsa de uachtar reoite ar fhianán. Smoosh an uachtar reoite trí fianán eile a chur ar a bharr. Déan arís.

j) Nuair a bheidh na ceapairí go léir curtha le chéile agat, cuir ar ais chuig an reoiteoir iad ar feadh 2 uair ar a laghad chun iad a chruasú.

82. Ceapairí Uachtar Mhin choirce

Déanann sé 24 fianán:

Comhábhair

- 1½ cupán plúr uilefheidhmeach neamhthuartha
- 2 chupán coirce mearchócaireachta (min choirce toirt)
- 1 teaspoon sóid aráin
- ¼ teaspoon cainéal talún
- ½ punt (2 bhata) im gan salann, bogtha
- 1½ cupán siúcra donn éadrom pacáilte
- ¾ teaspoon salann mara mín
- 1 teaspoon sliocht vanilla
- 2 uibheacha móra, ag teocht an tseomra
- Uachtar reoite 1-quart de do rogha féin

Treoracha:

a) Suí raca i lár an oigheann agus réamhthéigh an oigheann go 325°F. Líne dhá bhileog bácála le pár.

b) Comhcheangail an plúr, an coirce, an sóid aráin agus an cainéal i mbabhla agus measc go maith. Ag baint úsáide as meascthóir leictreach, buail an t-im i mbabhla mór go dtí go bhfuil sé réidh agus go bhfuil sé uachtar.

c) Cuir an siúcra agus an salann leis agus buail go dtí go bhfuil dath éadrom agus clúmhach ar an meascán; scríob síos taobhanna an bhabhla mar is gá. Cuir an sliocht fanaile leis agus buille díreach chun é a chur le chéile.

d) Cuir na huibheacha isteach ceann ag an am, ag bualadh go maith tar éis gach suimiú. Ba chóir go mbeadh an fuidrimh réidh agus uachtar.

e) Cuir leath de na Comhábhair thirim leis agus measc ar luas íseal go dtí go mbeidh tú comhcheangailte. Cuir an plúr atá fágtha leis agus measc go dtí go mbeidh sé comhcheangailte. Bí cúramach gan an taos a ró-obair.

f) Bain úsáid as scoop 1-unsa chun an taos a roinnt ar na bileoga bácála, spásáil na fianáin thart ar 2 orlach óna chéile.

g) Leáigh beagán na fianáin le sála do láimhe nó le cúl spúnóg adhmaid.

h) Bácáil na fianáin ar feadh 7 nóiméad. Rothlaigh an uile agus bácáil ar feadh 4 go 6 nóiméad eile, nó go dtí go bhfuil na fianáin an-donn éadrom ar na himill ach is ar éigean atá siad socraithe sa lár.

i) Lig do na fianáin fuarú ar feadh 10 nóiméad ar an mbileog bácála. Ansin cruachta iad i gcoimeádán nó i mála reoite Ziploc 1-galún agus reo ar feadh 2 uair an chloig.

j) Chun na ceapairí uachtar a chur le chéile, cuir 3 fhianán reoite ar phanna leatháin. Cuir scoop cruinn (2 go 3 unsa) d'uachtar reoite beagán bogtha ar gach fianán.

k) Barr le trí fhianán eile, ag cur an dá fhianán le chéile go dtí go dtagann an t-uachtar reoite amach agus go gcomhlíonann sé na himill sheachtracha.

l) Cuir na ceapairí uachtar iomlán cóimeáilte ar ais isteach sa reoiteoir agus déan arís leis na fianáin atá fágtha.

83. Clúimh Uachtar agus Císte Fáinne Éclairs

Déanann sé 6 go 12 riar

Comhábhair

- 1 cupán uisce te
- 4 spúnóg bhoird (½ bata) im gan salann, gearrtha i bpíosaí
- 1 cupán plúr uilechuspóireach neamhthuartha nó plúr saor ó ghlútan
- 4 uibheacha móra, ag teocht an tseomra
- Custard Reoite Fanaile SailltenóCustard Reoite Seacláide Gabhar Goirt-Bainne
- Glaze Seacláide(úsáid 4 spúnóg bainne iomlán)

Treoracha:

a) Preheat an oigheann go 400°F.

b) Comhcheangail an t-uisce agus an t-im i sáspan meánach trom agus tabhair chun boil, ag corraigh chun an t-im a leá. Doirt isteach an plúr ar fad agus measc go dtí go mbeidh an meascán ina liathróid.

c) Bain as an teas agus buail isteach na huibheacha ceann ag an am le meascthóir leictreach.

Le haghaidh Clúimh Uachtar

d) Cuir sé dumha aonair taos 4 orlach ar leathán fianán gan réasú (le haghaidh clúimh níos lú, déan dhá cheann déag dumha 2 orlach). Bácáil go dtí go donn órga, thart ar 45 nóiméad. Bain as an oigheann agus lig fionnuar.

Do Éclairs

e) Cuir mála taosráin le barr simplí $\frac{1}{4}$-orlach, ansin píobáin sé go dhá cheann déag de stiallacha 4-orlach ar bhileog fianán neamhleasaithe. Bácáil go dtí go donn órga, thart ar 45 nóiméad. Bain as an oigheann agus lig fionnuar.

Le haghaidh císte fáinne

f) Buail fiú spúnóga taos ar leathán fianán neamhleasaithe chun ubhchruthach 12-orlach a dhéanamh. Bácáil go dtí go donn órga, 45 go 50 nóiméad. Bain as an oigheann agus lig fionnuar.

A Chéile

g) Ullmhaigh an glaze. Slice na clúimh uachtar, éclairs, nó císte fáinne ina dhá leath. Líon leis an uachtar reoite, agus cuir an barr(í) ar ais air.

h) Le haghaidh clúimh uachtar, tumtar barr gach clúimh isteach sa seacláid. Le haghaidh éclairs, cuir an glónra os a gcionn go fial. Maidir leis an gcíste fáinne, corraigh 5 spúnóg breise bainne isteach sa glaze; Ceobhrán thar an gcíste fáinne é.

i) Chun freastal, socraigh na taosráin nó na slisní den chíste ar phlátaí.

84. ceapaire fianán uachtar reoite

Comhábhair

- 12 fianáin seacláide
- 2 cupáin vanilla (nó blas eile) uachtar reoite, softened

Treoracha:

a) Cuir na fianáin ar thráidire sa reoiteoir.

b) Scaip an t-uachtar reoite bogtha i bpanna nó i gcoimeádán cothrom go dtí thart ar 1/2 orlach de thiús agus reo arís. Nuair a bheidh tú daingean arís, ach gan a bheith crua, gearr 6 chiorcal uachtar reoite chun na fianáin a fheistiú. Aistrigh an t-uachtar reoite ón bpanna go cúramach ar 6 fhianán.

c) Barr leis an dara fianán. Brúigh síos chun séala go maith agus reo go dtí go mbeidh tú réidh le hithe. Má tá sé reoite go maith, bain as an reoiteoir 10 go 15 nóiméad sula dteastaíonn uait iad a ithe nó beidh siad an-deacair.

d) Ithe laistigh de chúpla lá.

Freastalaíonn 6

85.   Ceapairí Iodálach sútha talún

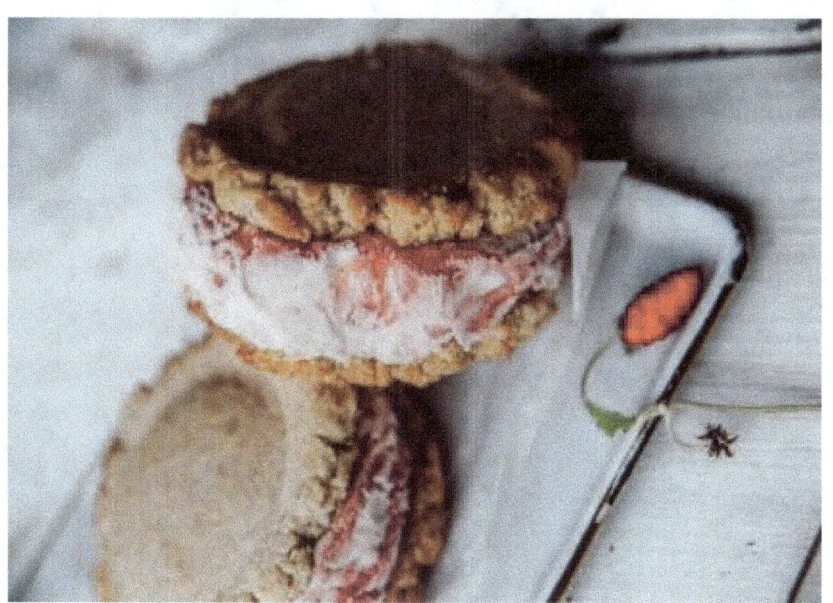

Déanann: 12 go 16 ceapairí

Comhábhair

- 1 cupán margairín nondéiríochta, softened
- 3/4 cupán siúcra cána galaithe, roinnte
- 2 taespúnóg sliocht fanaile
- 2-1/4 cupán plúr uilechuspóra neamhthuartha

Treoracha

a) I mbabhla mór, uachtar le chéile an margairín, 1/2 cupán an siúcra, agus an fanaile go dtí go comhcheangailte go maith. Cuir an plúr isteach i mbaisceanna agus measc go dtí go bhfuil an taos bog agus mín. Roinn an taos ina dhá leath agus cruth gach leath isteach i log dronuilleogach, thart ar 5 orlach ar fad, 3 orlach ar leithead, agus 2 orlach ar airde. Sprinkle an 1/4 cupán siúcra atá fágtha ar dhromchla glan agus rollaigh gach logáil isteach ann chun an taobh amuigh a chóta. Wrap gach logáil isteach i wrap plaisteach agus cuisnigh ar feadh ar a laghad 2 uair an chloig.

b) Preheat an oigheann go 375°F. Líne dhá bhileog bácála le páipéar pár.

c) Bain na logaí taos fianán as an gcuisneoir. Ag baint úsáide as scian géar, gearr na logaí i slisní 1/4-orlach-tiubh, ag brú ar thaobh an loga mar a ghearrann tú chun a chruth a choinneáil. Cuir na fianáin slisnithe ar na bileoga bácála ullmhaithe 1 orlach óna chéile. Bácáil ar feadh 8 go 10 nóiméad, nó go dtí go bhfuil na himill donn éadrom.

d) Tar éis é a bhaint as an oigheann, lig na fianáin fionnuar ar an bpanna ar feadh 5 nóiméad, ansin aistrigh chuig raca sreang. Lig do na fianáin fuarú go hiomlán. Stóráil i gcoimeádán aerdhíonach

86. Ceapairí Cáca Cairéad

Déanann: 12 go 16 ceapairí

Comhábhair

- 2 chupán plúr uilechuspóra neamhthuartha
- 1/2 teaspoon púdar bácála
- 2 taespúnóg cainéal talún
- 1/2 teaspoon ginger talamh
- 1/4 teaspoon nutmeg talún
- 1/4 teaspoon salann
- 3/4 cupán margairín neamhdhéiríochta, ag teocht an tseomra
- 1 cupán siúcra dorcha donn pacáilte
- 1/2 cupán siúcra cána galaithe
- 2 taespúnóg sliocht fanaile
- 1-1/2 cupán cairéid mionghearrtha (thart ar 2 cairéad meán-mhór)
- 1/3 cupán cnó cócó rósta, mionghearrtha (roghnach)
- 1/3 cupán gallchnónna brúite (roghnach)

Treoracha

a) Preheat an oigheann go 350°F. Líne dhá bhileog bácála le páipéar pár.

b) I mbabhla beag, le chéile an plúr, púdar bácála, cainéal, ginger, nutmeg, agus salann. I mbabhla mór, uachtar le chéile an margairín, siúcra donn, siúcra cána, agus fanaile. Cuir na Comhábhair thirim leis an bhfliuch i mbaisceanna go dtí go mbeidh siad réidh, ansin ionchorprú na cairéid miongheartha, an cnó cócó agus na gallchnónna, má úsáidtear iad.

c) Ag baint úsáide as dropper fianán nó spúnóg bhoird, titim scúpaí taos carntha ar na bileoga bácála ullmhaithe thart ar 2 orlach óna chéile. Go réidh brúigh gach fianán síos beagán.

d) Bácáil ar feadh 9 go 11 nóiméad, nó go dtí go bhfuil na himill beagán órga. Bain as an oigheann agus lig fuarú ar an mbileog bácála ar feadh 5 nóiméad, ansin bain chun fuarú ar raca sreang. Lig do na fianáin fuarú go hiomlán. Stóráil i gcoimeádán aerdhíonach

87. Uachtar Reoite Cnó Sinséar

Déanann: 1 ceathair

- 2 chupán bainne neamhdhéiríochta (saill níos airde, cosúil le soy nó cnáib)
- 3/4 cupán siúcra cána galaithe
- 1 teaspoon ginger talamh
- 1 teaspoon sliocht vanilla
- 1-1/2 cupán caisiú amh
- 1/16 teaspoon guma guair
- 1/3 cupán ginger candied mionghearrtha

Treoracha

a) I sáspan mór, cuir an bainne agus an siúcra le chéile. Thar teasa mheán, a thabhairt ar an meascán chun boil, whisking go minic. Nuair a shroicheann sé fiuchphointe, ísligh an teas go meán-íseal agus guair i gcónaí go dtí go bhfuil an siúcra tuaslagtha, thart ar 5 nóiméad. Bain as an teas, cuir an ginger agus vanilla, agus whisk a chur le chéile.

b) Cuir na caiseanna i mbun babhla teasdhíonta agus doirt an meascán te bainne anuas orthu. Lig dó fuarú go hiomlán. Nuair a bheidh sé fuaraithe, aistrigh an meascán go próiseálaí bia nó cumascóir ardluais agus próiseáil go dtí go réidh, ag stopadh a scrape síos na taobhanna mar is gá. Ag druidim le deireadh do phróiseáil, sprinkle isteach an guma guair agus a bheith cinnte go bhfuil sé corpraithe go maith.

c) Doirt an meascán isteach i mbabhla déantóir uachtar reoite 1-1/2- nó 2-quart agus próiseáil de réir threoracha an mhonaróra. Nuair a bheidh an t-uachtar reoite réidh, déan an sinséar candied a mheascadh go réidh. Stóráil i gcoimeádán aerdhíonach sa reoiteoir ar feadh 2 uair ar a laghad roimh na ceapairí a chur le chéile.

Chun na Ceapairí a Dhéanamh

d) Lig don uachtar reoite maolú beagán ionas go mbeidh sé éasca é a scoop. Cuir leath de na fianáin, bun aníos, ar dhromchla glan. Scoop scóip fhlaithiúil amháin de uachtar reoite, thart ar 1/3 cupán, ar bharr gach fianán. Barr an uachtar reoite leis na fianáin atá fágtha, agus na íochtair fianán ag baint leis an uachtar reoite.

e) Brúigh síos go réidh ar na fianáin chun iad a leibhéalú. Wrap gach ceapaire clúdach plaisteach nó páipéar céirithe agus ar ais chuig an reoiteoir ar a laghad 30 nóiméad roimh a sheirbheáil.

88. Fianán seacláide agus Ceapaire Fanaile

Comhábhair

- 1/3 cupán margairín neamhdhéiríochta, ag teocht an tseomra
- 2/3 cupán siúcra cána galaithe
- 2 spúnóg bainne neamhdhéiríochta
- 1/4 teaspoon fínéagar éadrom
- 1 teaspoon sliocht vanilla
- 3/4 cupán plúr uilechuspóireach neamhthuartha
- 1/3 cupán cócó bácála neamh-mhilsithe, sifted
- 1/2 teaspoon púdar bácála
- 1/8 teaspoon salann

Treoracha

a) Preheat an oigheann go 375°F. Líne bileog bácála le páipéar pár.

b) I mbabhla meánach, uachtar le chéile an margairín agus siúcra. Corraigh an bainne, an fínéagar, agus an fanaile. I mbabhla beag, cuir an plúr, an cócó, an púdar bácála agus an salann le chéile. Cuir na Comhábhair tirime leis an bhfliuch agus measc go maith.

c) Cas amach ar an mbileog bácála ullmhaithe. Cuir bileog de pháipéar céirithe thar an taos agus rolladh amach ina chearnóg thart ar 1/4 orlach tiubh. Bain an páipéar céirithe agus bácáil ar feadh 10 go 12 nóiméad, go dtí go bhfuil na himill socraithe agus go bhfuil sé beagán puffy. Beidh cuma bog agus ní bácáilte go hiomlán, ach tá sé.

d) Bain as an oigheann agus lig fionnuar ar feadh thart ar 15 nóiméad ar an mbileog bácála ar raca sreang. Gearr na fianáin go cúramach isteach sa chruth atá ag teastáil. Is féidir leat gloine nó gearrthóir brioscaí a úsáid chun iad a dhéanamh cruinn, nó an taos a uasmhéadú trí iad a ghearradh i gcearnóga meánmhéide.

e) Bain na fianáin ón mbileog agus lig do fhuarú a chríochnú ar an raca.

89. Ceapaire Uachtar Reoite Vanilla Soy

Déanann: 1-1/4 quarts

Comhábhair

- 3/4 cupán siúcra cána galaithe
- 1 spúnóg bhoird móide 2 thapúnóg stáirse taipióca
- 2-1/2 cupán soy nó bainne cnáib (lán saille)
- 1 teaspoon ola cnó cócó
- 2 taespúnóg sliocht fanaile

Treoracha

a) I sáspan mór, le chéile an siúcra agus an stáirse taipióca agus whisk go dtí go ionchorprú. Doirt isteach an bainne, whisking a ionchorprú.
b) Thar teasa mheán, a thabhairt ar an meascán chun boil, whisking go minic. Nuair a shroicheann sé fiuchphointe, ísligh an teas go meán-íseal agus guair de shíor go dtí go dtramhaíonn an meascán agus go gcótaíonn sé cúl spúnóg, thart ar 5 nóiméad. Bain as an teas, cuir an ola cnó cócó agus fanaile, agus meascadh le chéile.
c) Aistrigh an meascán chuig babhla teas-resistant agus lig dó fuarú go hiomlán.
d) Doirt an meascán isteach i mbabhla déantóir uachtar reoite 1-1/2- nó 2-quart agus próiseáil de réir threoracha an mhonaróra. Stóráil i gcoimeádán aerdhíonach sa reoiteoir ar feadh 2 uair ar a laghad roimh na ceapairí a chur le chéile.

Chun na Ceapairí a Dhéanamh

e) Lig don uachtar reoite maolú beagán ionas go mbeidh sé éasca é a scoop. Cuir leath de na fianáin, bun aníos, ar dhromchla glan. Scoop scóip fhlaithiúil amháin de uachtar reoite, thart ar 1/3 cupán, ar bharr gach fianán.

f) Barr an uachtar reoite leis na fianáin atá fágtha, agus na íochtair fianán ag baint leis an uachtar reoite. Brúigh síos go réidh ar na fianáin chun iad a leibhéalú.

g) Wrap gach ceapaire i wrap plaisteach nó páipéar céirithe agus ar ais chuig an reoiteoir ar a laghad 30 nóiméad roimh a sheirbheáil.

90.   Ceapairí Uachtar Reoite X-Ray

Déanann: 12 go 16 ceapairí

Comhábhair

- 2 chupán plúr uilechuspóra neamhthuartha
- 1 teaspoon sóid aráin
- 1/4 teaspoon salann
- 1 cupán margairín neamhdhéiríochta, ag teocht an tseomra
- 1/2 cupán siúcra donn pacáilte
- 1/2 cupán siúcra cána galaithe
- 1 teaspoon cornstarch
- 2 spúnóg bainne neamhdhéiríochta
- 1-1/2 taespúnóg sliocht fanaile

Treoracha

a) Preheat an oigheann go 350°F. Líne dhá bhileog bácála le páipéar pár.

b) I mbabhla beag, le chéile an plúr, sóid aráin, agus salann. I mbabhla mór, uachtar le chéile an margairín, siúcra donn, agus siúcra cána. Tuaslaig an cornstarch sa bhainne i mbabhla beag agus cuir leis an meascán margairín mar aon leis an fanaile. Cuir na Comhábhair thirim leis an bhfliuch i mbaisceanna agus measc go dtí go réidh.

c) Ag baint úsáide as dropper fianán nó spúnóg bhoird, titim spúnóg bhoird de thaos a charnadh ar na bileoga bácála ullmhaithe thart ar 2 orlach óna chéile. Bácáil ar feadh 8 go 10 nóiméad, nó go dtí go bhfuil na himill beagán órga.

d) Bain as an oigheann agus lig fuarú ar an uile ar feadh 5 nóiméad, ansin a bhaint chun fuarú ar raca sreang. Lig do na fianáin fuarú go hiomlán. Stóráil i gcoimeádán aerdhíonach.

91.   Uachtar Reoite Soy Seacláide

Déanann: 1-1/4 quarts

Comhábhair

- 3/4 cupán siúcra cána galaithe
- 1/3 cupán cócó bácála neamh-mhilsithe, sifted
- 1 spúnóg bhoird stáirse tapioca
- 2-1/2 cupán soy nó bainne cnáib (lán saille)
- 2 taespúnóg ola cnó cócó
- 2 taespúnóg sliocht fanaile

Treoracha

a) I sáspan mór, cuir an siúcra, an cócó agus an stáirse taipióca le chéile, agus guairneáil go dtí go mbeidh an cócó agus an stáirse ionchorpraithe sa siúcra. Doirt isteach an bainne, whisking a ionchorprú. Thar teasa mheán, a thabhairt ar an meascán chun boil, whisking go minic.

b) Nuair a shroicheann sé fiuchphointe, ísligh an teas go meán-íseal agus guair de shíor go dtí go dtramhaíonn an meascán agus go gcótaíonn sé cúl spúnóg, thart ar 5 nóiméad. Bain as an teas, cuir an ola cnó cócó agus fanaile, agus whisk a chur le chéile.

c) Aistrigh an meascán chuig babhla teas-resistant agus lig dó fuarú go hiomlán.

d) Doirt an meascán isteach i mbabhla déantóir uachtar reoite 1-1/2- nó 2-quart agus próiseáil de réir threoracha an mhonaróra. Stóráil i gcoimeádán aerdhíonach sa reoiteoir ar feadh 2 uair ar a laghad roimh na ceapairí a chur le chéile.

e) Lig don uachtar reoite maolú beagán ionas go mbeidh sé éasca é a scoop. Cuir leath de na fianáin, bun aníos, ar dhromchla glan. Scoop scóip fhlaithiúil amháin de uachtar reoite, thart ar 1/3 cupán, ar bharr gach fianán. Barr an uachtar reoite leis na fianáin atá fágtha, agus na íochtair fianán ag baint leis an uachtar reoite.

f) Brúigh síos go réidh ar na fianáin chun iad a leibhéalú. Wrap gach ceapaire i wrap plaisteach nó páipéar céirithe, agus ar ais chuig an reoiteoir ar a laghad 30 nóiméad roimh a sheirbheáil.

92. Ceapairí Seacláide Dúbailte

Déanann: 12 go 16 ceapairí

Comhábhair

- 1 cupán plúr uilechuspóra neamhthuartha
- 1/2 cupán cócó bácála neamh-mhilsithe, sifted
- 1/2 teaspoon sóid aráin
- 1/4 teaspoon salann
- 1/4 cupán sliseanna seacláide nondairy, leáite
- 1/2 cupán margairín neamhdhéiríochta, bogtha
- 1 cupán siúcra cána galaithe
- 1 teaspoon sliocht vanilla

Treoracha

a) Preheat an oigheann go 325°F. Líne dhá bhileog bácála le páipéar pár.

b) I mbabhla meánach, le chéile an plúr, púdar cócó, sóid aráin, agus salann. I mbabhla mór, le meascthóir láimhe leictreach, uachtar le chéile na sliseanna seacláide leáite, margairín, siúcra agus fanaile go dtí go bhfuil siad comhcheangailte go maith. Cuir na Comhábhair thirim leis an bhfliuch i mbaisceanna go dtí go mbeidh siad corpraithe go hiomlán.

c) Scoop liathróidí beaga taos, thart ar mhéid marmair mhór (thart ar 2 thaespúnóg) ar na bileoga bácála ullmhaithe thart ar 2 orlach óna chéile. Greamaigh cúl spúnóg bhoird go héadrom agus brúigh síos go réidh agus go cothrom ar gach fianán go dtí go bhfuil sé leacaithe agus thart ar 1-1/2 orlach ar leithead. Bácáil ar feadh 12 nóiméad, nó go dtí go bhfuil na himill socraithe. Má tá tú ag bácáil an dá bhileog ag an am céanna, rothlaigh na leatháin leath bealaigh tríd.

d) Tar éis é a bhaint as an oigheann, lig na fianáin fionnuar ar an bpanna ar feadh 5 nóiméad, ansin aistrigh chuig raca sreang. Lig do na fianáin fuarú go hiomlán. Stóráil i gcoimeádán aerdhíonach

93. Ceapaire Uachtar Reoite Cnó cócó Seacláide

Déanann: 1 ceathair

Comhábhair

- 3/4 cupán siúcra cána galaithe
- 1/3 cupán cócó bácála neamh-mhilsithe, sifted
- Is féidir le 1 (13.5-unsa) bainne cnó cócó lán-saille (ní éadrom)
- 1 cupán bainne neamhdhéiríochta
- 1 teaspoon sliocht vanilla

Treoracha

a) I sáspan mór, cuir an siúcra agus an cócó le chéile, agus whisk go dtí go bhfuil an cócó ionchorprú sa siúcra. Doirt isteach an bainne cnó cócó agus an bainne neamhdhéiríochta eile, whisking a ionchorprú. Thar teasa mheán, a thabhairt ar an meascán chun boil, whisking go minic. Nuair a shroicheann sé fiuchphointe, ísligh an teas go meán-íseal agus guair i gcónaí go dtí go bhfuil an siúcra tuaslagtha, thart ar 5 nóiméad. Bain as an teas agus cuir an fanaile, whisking a chur le chéile.

b) Aistrigh an meascán chuig babhla teas-resistant agus lig dó fuarú go hiomlán.

c) Doirt an meascán isteach i mbabhla déantóir uachtar reoite 1-1/2 nó 2-quart agus próiseáil de réir threoracha an mhonaróra. Stóráil i gcoimeádán aerdhíonach sa reoiteoir ar feadh 2 uair ar a laghad roimh na ceapairí a chur le chéile.

d) Lig don uachtar reoite maolú beagán ionas go mbeidh sé éasca é a scoop. Cuir leath de na fianáin, bun aníos, ar dhromchla glan. Scoop scóip fhlaithiúil amháin de uachtar reoite, thart ar 1/3 cupán, ar bharr gach fianán. Barr an uachtar reoite leis na fianáin atá fágtha, agus na íochtair fianán ag baint leis an uachtar reoite.

e) Brúigh síos go réidh ar na fianáin chun iad a leibhéalú. Wrap gach ceapaire i wrap plaisteach nó páipéar céirithe agus ar ais chuig an reoiteoir ar a laghad 30 nóiméad roimh a sheirbheáil.

94. Bananaí seacláide reoite

Comhábhair

- 4 bananaí beaga daingean ach aibí
- 6 unsa. seacláid bhainne, briste ina smután
- 6 spúnóg bhoird uachtar trom
- 4 spúnóg bhoird sú oráiste

Treoracha

a) Reo na bananaí ina craicne ar feadh thart ar 2 uair an chloig.
b) Leáigh an seacláid i bpanna beag leis an uachtar agus an sú oráiste, corraigh uaireanta go dtí go bhfuil sé leáite agus mín. Doirt isteach i mbabhla fuar agus fág go dtí go dtosaíonn sé ag tiús agus ag fuarú. Ná lig dó éirí ró-fhuar nó ní bheidh sé cóta go héasca.
c) Tóg na bananaí amach as an reoiteoir agus bain a gcuid craicne go néata. Tum gach banana isteach sa seacláid chun cóta críochnúil a dhéanamh, agus ansin bain úsáid as skewers adhmaid fada nó dhó. Coinnigh an banana thar an mbabhla agus an barraíocht seacláide sileadh as. Ansin cuir an banana ar pháipéar céirithe go dtí go leagann an seacláid. Gearr isteach i 2 nó 3 phíosa agus fill ar an reoiteoir go dtí go mbeidh tú réidh le freastal.

d) Cuir bata Popsicle isteach i ngach píosa le riar, más mian leat.
e) Ní choinníonn na bananaí seo go maith agus ba chóir iad a ithe ar an lá a dhéantar iad.

95. ceapaire fianán uachtar reoite

Comhábhair

- 12 fianáin seacláide
- 2 cupáin vanilla (nó blas eile) uachtar reoite, softened

Treoracha

a) Cuir na fianáin ar thráidire sa reoiteoir.

b) Scaip an t-uachtar reoite bogtha i bpanna nó i gcoimeádán cothrom go dtí thart ar 1/2 orlach de thiús agus reo arís. Nuair a bheidh tú daingean arís, ach gan a bheith crua, gearr 6 chiorcal uachtar reoite chun na fianáin a fheistiú. Aistrigh an t-uachtar reoite ón bpanna go cúramach ar 6 fhianán.

c) Barr leis an dara fianán. Brúigh síos chun séala go maith agus reo go dtí go mbeidh tú réidh le hithe. Má tá sé reoite go maith, bain as an reoiteoir 10 go 15 nóiméad sula dteastaíonn uait iad a ithe nó beidh siad an-deacair.

d) Ithe laistigh de chúpla lá.

Freastalaíonn 6

SNICKERDOODLE

96. Snickerdoodles cornmeal

Toradh: 4 Freastal

Comhábhair

- 1 cupán im gan salann sa seomra
- Teocht
- ⅓ cupán Mil
- ⅓ cupán Siúcra
- 2 Uibheacha móra ag teocht an tseomra
- Zest grátáilte 1 go mín
- Líomóid
- ½ teaspoon vanilla
- 1½ cupán Plúr
- 1 cupán Meal coirce buí
- 1 teaspoon púdar bácála
- ½ teaspoon Salann
- Siúcra chun fianáin a rolladh isteach

Treoracha

a) Uachtar im, mil, agus siúcra le chéile. Buail isteach na huibheacha agus corraigh isteach an zest líomóide agus an fanaile. I mbabhla ar leith le chéile plúr, cornmeal, púdar bácála agus salann.

b) Corraigh na Comhábhair thirim isteach sa mheascán uachtair i 2 chéim go dtí go cumasc go cothrom. Clúdaigh agus cuisnigh an taos ar feadh 3 uair an chloig.

c) Is féidir é a chuisniú thar oíche. Preheat oigheann go 375 agus bileoga fianán ramhar. Cruth an taos ina liathróidí $1\frac{1}{4}$ orlach. Rollaigh na liathróidí i siúcra agus cuir ar leatháin iad thart ar 2 orlach óna chéile.

d) Bácáil ar feadh 15 nóiméad go dtí go bhfuil na bairr beagán resistant do bhrú mhéar milis.

e) Cool ar raca.

97. snickerdoodles saill íseal

Toradh: 1 riar

Comhábhair

- 1½ cupán Siúcra
- ½ cupán margairín
- 1 teaspoon vanilla
- ½ cupán ionadaí uibheacha
- 2¾ cupán Plúr
- 1 teaspoon uachtar de tartar
- ½ teaspoon sóid aráin
- ¼ teaspoon Salann
- 2 spúnóg Siúcra
- 2 taespúnóg cainéil

Treoracha

a) Buail 1½ cupán siúcra agus margairín go dtí go solas. Buille i vanilla agus ionadach ubh. Corraigh plúr, uachtar tartar, sóid agus salann. Chill taos thart ar 1 - 2 uair an chloig.

b) Comhcheangail 2 spúnóg siúcra agus cainéal. Cruth taos i liathróidí 48 - 1 orlach. Rollaigh i meascán siúcra/cainéil.

c) Cuir na liathróidí ar bhileoga fianán atá spraeáilte le Pam.

d) Bácáil ag 400 ar feadh 8 go 10 nóiméad. Cool ar racaí sreang.

98. Snickerdoodles cruithneachta ar fad

Toradh: 60 Freastal

Comhábhair

- 1½ cupán Siúcra
- 1 cupán Im, softened
- 1 ubh móide
- 1 Uibheacha bán
- 1½ cupán Plúr cruithneachta ar fad
- 1¼ cupán plúr uilefheidhme
- 1 teaspoon sóid aráin
- ¼ teaspoon Salann
- 2 spúnóg Siúcra
- 2 taespúnóg cainéal Talún

Treoracha

a) I mbabhla mheascadh, siúcra uachtar agus im go dtí fluffy. Cuir bán ubh agus ubh; buille go maith. Comhcheangail na Comhábhair thirim; a chur leis an meascán creamed agus buille go maith. I mbabhla beag, le chéile bearrtha Comhábhair.

b) Cruth an taos ina liathróidí de mhéid gallchnó; rolla i cainéal-siúcra.

c) Cuir 2 as a chéile i leatháin bhácála neamhleasaithe. Bácáil ag 400 ar feadh 8-10 nóiméad.

d) Déanann fianáin puff suas go maith agus leathnaíonn siad agus iad ag bácáil.

99. Snickerdoodles eggnog

Toradh: 48 riar

Comhábhair

- 2¾ cupán plúr uilefheidhme
- 2 taespúnóg Uachtar tartar
- 1½ cupán Siúcra
- 1 teaspoon sóid aráin
- 1 cupán Im-bhog
- ¼ teaspoon Salann
- 2 Uibheacha
- ½ teaspoon sliocht branda
- ½ teaspoon sliocht Ruma

Meascán siúcra

- ¼ cupán Siúcra nó siúcra daite
- 1 teaspoon Nutmeg

Treoracha

a) Preheat oigheann: 400 In 3-qt. babhla meascthóir le chéile gach Comhábhair fianán.

b) Buille ar luas íseal, scríobadh taobhanna an bhabhla go minic, go dtí go mbeidh measctha go maith (2 go 4 min.).

c) I mbabhla beag le chéile meascán siúcra; corraigh a chumasc. Múnn taespúnóg taos cothromaithe ina liathróidí 1"; rollaigh i meascán siúcra.

d) Cuir 2" ó chéile ar leatháin fianán neamhleasaithe. Bácáil in aice le lár an oigheann 400 ar feadh 8 go 10 nóiméad nó go dtí go bhfuil na himill donn éadrom.

100. Snickerdoodles seacláide

Toradh: 1 Freastal

Comhábhair

- 2¼ cupán Siúcra
- 2 taespúnóg spíosa pióg pumpkin
- ½ cupán púdar cócó
- 1 cupán Im, softened
- 2 Uibheacha
- 2 taespúnóg sliocht fanaile
- 2¼ cupán Plúr
- 1½ teaspoon púdar bácála

Treoracha

a) I mbabhla meascthóir mór, corraigh siúcra agus spíosraí le chéile; cuir ½ cupán den mheascán ar leataobh i mbabhla éadomhain.

b) Cuir púdar cócó leis an mbabhla meascthóir; corraigh a chumasc. Cuir im; buille ar luas meánach go dtí clúmhach.

c) Measc i uibheacha agus fanaile. Corraigh plúr agus púdar bácála.

d) Foirm an taos isteach sa liathróid agus rollaigh i meascán siúcra forchoimeádta.

e) Déan an nós imeachta arís leis an taos atá fágtha agus cuir 2 orlach óna chéile ar leatháin fianán greased.

f) Bácáil in oigheann 350 céim ar feadh 12-15 nóiméad nó go dtí go bhfuil na himill daingean. Cool ar raca sreinge.

g) Déanann sé thart ar 4-½ dosaen fianáin.

CONCLÚID

Cé nach bhfuil grá fianán. Just smaoineamh: Gan oighinn, ní bheadh na treats aoibhnis seo againn. Go deimhin, bhí an fianán invented sna laethanta roimh teirmeastait, mar thástáil féachaint an raibh oighinn primitive an teocht ceart chun cácaí bhácáil. Seachas cáca iomlán a mhilleadh, rinneadh "císte beag," nó fianán, a thástáil ar dtús. Ag an am, níor shíl éinne go n-éireodh an "císte tástála" ina chraic le draíocht dá chuid féin.

Is cácaí beaga, milis, cothroma, tirime iad fianáin - bia méarchláir amháin. Go ginearálta bíonn siad bunaithe ar phlúr, ach is féidir iad a bheith níos lú plúr - déanta as whites ubh agus / nó almóinní cosúil le macaroons, mar shampla - nó déanta as plúr saor ó ghlútan, cosúil le plúr ríse. Is féidir le fianáin a bheith bog, chewy nó briosc. Is féidir leo a bheith mór nó beag, simplí nó mhaisiúil. Is féidir leo a bheith simplí - im agus siúcra - nó casta, le go leor Comhábhair, nó a bheith aimseartha i gceapairí fianán, dhá shraith agus líonadh. Ach thosaigh siad amach i bhfad ó shin, ní mar chóireáil nó mar bhia compord, ach mar rialtóir oigheann!

www.ingramcontent.com/pod-product-compliance
Lightning Source LLC
Chambersburg PA
CBHW071228080526
44587CB00013BA/1532